AF391532

INSTITUT INDUSTRIEL ET COMMERCIAL

DE

LISBONNE

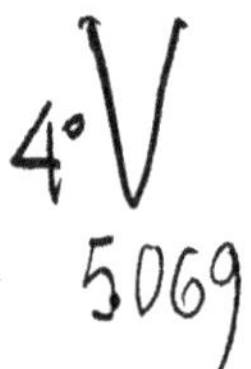

Instruction Publique en Portugal

Institut Industriel et Commercial

DE

LISBONNE

HISTOIRE — ORGANISATION — ENSEIGNEMENT

COMPILATION

PAR

Francisco Felisberto Dias Costa

Du Conseil de Sa Majesté, Ancien Ministre de la Marine et des Colonies, Capitaine du génie
Professeur à l'Institut Industriel et Commercial de Lisbonne

LISBONNE — 1900

BIBLIOGRAPHIE

Silvestre Ribeiro:

Histoire des établissements scientifiques, littéraires et artistiques sous chacun des règnes de la monarchie — Lisbonne — Typographie de l'Académie Royale des Sciences — 1871 à 1893. — 18 vol. in-8.º grand.

Fonseca Benevides:

Catalogue des collections du musée de technologie, précédé d'une notice historique, etc. — Lisbonne, 1873 — 1 vol. in-8.º petit.

Affonso Pequito:

L'enseignement commercial en Portugal — Lisbonne, 1878 — (Publication de la Société de Géographie de Lisbonne) — *De l'enseignement commercial* — Lisbonne, 1879 — Id.

Motta Pegado:

Rapports sur l'Institut industriel et commercial de Lisbonne, pour les années scolaires 1888-1889 et 1889-1890 — Lisbonne, 1890 et 1891 — 2 vol. in-8.º

Fonseca Benevides:

Ibid. pour les années 1891-1892 à 1897-1898. — Lisbonne, 1893 à 1899 — 7 vol. in-8.º

Collection officielle de la législation portugaise.
Pièces classées aux archives de l'Institut industriel et commercial de Lisbonne (inédites).

PARTIE I

Exposé succinct de l'enseignement industriel et commercial

à Lisbonne avant 1869

TABLE DES MATIÈRES

Texte

Tableaux statistiques

Gravures

CHAPITRE I

Enseignement industriel

Enseignement industriel avant 1852

Avant 1836, l'enseignement industriel à Lisbonne n'était donné officiellement qu'à l'Arsenal de la marine, à celui de l'armée et dans d'autres ateliers appartenant à l'État ou protégés, plus ou moins directement par celui-ci, dans le but soit d'encourager l'établissement et le développement de nouvelles industries en Portugal, soit de former du personnel ouvrier apte à divers métiers pour les services publics, soit encore pour venir en aide aux enfants du peuple. [1]

L'année 1836 ouvrit une nouvelle période dans l'histoire de l'instruction publique en Portugal, celle-ci étant réorganisée par l'éminent homme d'État, Manoel da Silva Passos, dont les décrets s'occupèrent plutôt de l'enseignement général dans ses divers degrés que de l'enseignement technique proprement dit.

Par décret du 17 novembre 1836, furent créés, dans les chefs-lieux de tous les districts administratifs, des lycées nationaux affectés à l'instruction secondaire où, entre les diverses matières professées, figuraient un cours de physique, de chimie et de mécanique élémentaires, et un autre de principes d'histoire naturelle, études appliquées aux arts et métiers, ces cours pouvant être considérés comme le point de départ de l'enseignement oral des sciences et arts industriels dans les écoles publiques en Portugal.

Presque en même temps, par décret du 18 novembre, il a été fondé dans la capitale un dépôt général de machines, de modèles, d'outils, de

---

[1] Outre les ateliers des arsenaux, sont dignes de mention spéciale ceux créés par le marquis de Pombal, visant au progrès de l'industrie, ceux de l'intendance des travaux publics de Lisbonne et ceux de la *Casa Pia*, internat sous l'administration directe du gouvernement pour l'éducation de garçons pauvres.

dessins, de descriptions et de livres relatifs aux arts et aux industries sous la dénomination de Conservatoire des arts et métiers, ayant pour objet principal l'enseignement pratique par l'examen direct ou l'imitation.

Il fut établi que le Conservatoire serait organisé avec les objets provenant des divers établissements de l'État où ils ne seraient pas absolument nécessaires. Une autre disposition obligeait tout inventeur qui obtiendrait à l'avenir un brevet à déposer au Conservatoire des modèles, des dessins ou des mémoires descriptifs de ses inventions, documents ne pouvant être exposés au public qu'après l'expiration des délais garantis dans les brevets. Il était prescrit, en outre, que, tous les deux ans, on réaliserait dans les salles de cet établissement une exposition de produits de l'industrie nationale de la métropole et des colonies.

Le Conservatoire était donc un vrai musée industriel.

Le personnel se bornait à un directeur, deux démonstrateurs, un dessinateur, qui devait être un des professeurs de l'Académie des beaux-arts, un portier et pour chaque salle un surveillant. [1]

Un comité de trois membres de la *Société pour le progrès de l'industrie nationale*, choisis par celle-ci sur l'invitation du gouvernement, devrait seconder la direction dans toutes les questions où celle-ci jugerait utile de le consulter.

Le Conservatoire fut installé dans un ancien couvent, *Convento dos Mariannos, Rua das Janellas Verdes*, quoique dans le décret d'organisation il n'eût pas été fixé de dotation pour le matériel, cette dotation devant être allouée dans un chapitre spécial du budget général de l'État, [2] soit pour les frais de premier établissement soit pour les dépenses d'entretien et d'augmentation des collections existantes.

C'est, peut-être, à cause de ce défaut dans son organisation, qu'il eut une existence si peu brillante et si courte, étant supprimé, en 1852, par le décret qui organisa l'enseignement industriel en Portugal.

Réorganisation des lycées nationaux. Les lycées nationaux subirent une nouvelle réforme par décret du 20 septembre 1844.

Les deux classes pour l'enseignement technique furent abolies dans tous les lycées, un cours spécial de géométrie et de mécanique appliquées aux arts et aux industries étant créé dans celui de Lisbonne.

---

[1] Une des places de démonstrateur fut supprimée par décret du 26 novembre 1842.

[2] La dotation annuelle pour les déboursés d'administration, pour les frais d'entretien des machines et l'acquisition de matériel du Conservatoire, qui s'élevait, en 1842, à 800$000 réis (4:444 fr. 44) fut réduite par décret du 26 novembre de la même année à 600$000 réis (3:333 fr. 33).

Le décret du 20 septembre 1844 qui détermina l'incorporation à l'École Polytechnique de Lisbonne du Conservatoire des Arts et Métiers, supprima la place de directeur alors vacante.

Les fonctions de sous-inspecteur du Conservatoire furent confiées au conseil de l'École, le gouvernement se réservant la faculté d'adopter, sur avis de ce conseil, toutes les mesures qu'il jugerait nécessaires au progrès du Conservatoire pour que celui-ci correspondît, à l'idée de sa création.

Il fut prescrit d'enseigner dans les lycées l'arithmétique et la géométrie avec leurs applications aux arts. Le gouvernement fut autorisé à établir hors des lycées et quand il le jugerait utile, des cours qui dureraient deux ans pour l'enseignement de l'arithmétique et de la géométrie appliquées à l'industrie, et, dans les lycées des chefs-lieux de district, [1] entre autres cours les suivants: éléments d'histoire naturelle des trois règnes et application de cette étude à l'industrie, notions générales de physique, économie industrielle, chimie appliquée aux arts, et mécanique industrielle.

Dans les lycées de Lisbonne, de Porto et de Coïmbre, il n'y avait pas de cours spéciaux pour les éléments de mathématiques, l'enseignement de cette matière à l'École polytechnique de Lisbonne ainsi qu'à l'Académie polytechnique de Porto et la chaire correspondante de la faculté de mathématiques à l'Université de Coïmbre étant considérés comme appartenant au lycée.

Cette organisation fut modifiée par la loi du 12 août 1854, qui transféra aux lycées les cours d'éléments de mathématiques, professés dans les établissements d'instruction supérieure, et qui autorisa le gouvernement à créer un cours de principes de physique, de chimie et d'histoire naturelle immédiatement dans les lycées de Porto et de Coïmbre et, après, successivement, dans chacun des lycées des autres chefs-lieux de district.

Le gouvernement n'usa pas de la faculté que lui accordait le décret de 1844 pour l'établissement de cours de sciences techniques dans les lycées nationaux lesquels, à partir de 1854, ne s'écartèrent plus de leur objet spécial, l'instruction secondaire d'une application générale.

Première organisation de l'enseignement industriel en Portugal.

La première organisation de l'enseignement industriel en Portugal a été promulguée le 30 décembre 1832, ayant pour modèle celle adoptée alors en France et en Allemagne. *Première organisation de l'enseignement industriel en Portugal.*

Par décret de cette date, signé par l'éminent homme d'État, Fontes Pereira de Mello, il fut établi que l'enseignement devrait avoir un caractère général pratique, et être essentiellement appliqué à tous les arts et métiers. Il fut divisé en trois degrés: enseignement élémentaire, secondaire et complémentaire, ces deux derniers étant accompagnés de travaux des ateliers. *Nature de l'enseignement.*

L'enseignement élémentaire était considéré comme préparatoire pour l'enseignement industriel proprement dit et comprenait les cours suivants: *Enseignement industriel élémentaire.*

1.er cours, principes d'arithmétique, notions élémentaires d'algèbre, géométrie élémentaire et éléments de géométrie;

2.e cours, dessin linéaire et d'ornement appliqué à l'industrie.

---

[1] Par le décret de 1841, dont il s'agit, il fut créé aussi des lycées nationaux dans les chefs-lieux des différentes circonscriptions diocésaines. La loi du 12 août 1854 supprima le cours ci-dessus mentionné de géométrie et de mécanique appliquées aux arts et aux métiers.

Était dispensé de suivre ces cours tout élève reçu pleinement dans un examen passé par-devant les professeurs de l'enseignement industriel.

Enseignement industriel secondaire.

L'enseignement industriel secondaire était composé comme il suit:

3.e cours, éléments de géométrie descriptive appliquée aux arts;
4.e cours, notions élémentaires de chimie et de physique;
5.e cours, dessins de modèles et de machines (1.ère partie).

L'enseignement complémentaire comprenait les études suivantes:

6.e cours, mécanique industrielle;
7.e cours, chimie appliquée aux arts;
8.e cours, économie et législation industrielle;
9.e cours, dessin de modèles et de machines.

Dans ces trois degrés d'enseignement, le gouvernement pourrait inclure de nouveaux cours s'il le jugeait utile.

Le travail manuel, distribué dans des ateliers ou des usines, comprenait.

1.º Forgeage;
2.º Fonte et moulage;
3.º Ouvrages de serrurerie;
4.º Tournage et modelage;
5.º Manipulation chimique.

Les cours étaient composés de la manière suivante:

Cours d'ouvrier breveté — 1.ère et 2.e chaire.
» d'artisan mécanicien — 1.ère, 2.e et 5.e chaire.
» » chimiste — 1.ère, 2.e et 4.e chaire, et 5.e atelier.
» » forgeron — 1.ère, 2.e et 4.e chaire, et 1.er atelier.
» » fondeur — 1.ère, 2.e et 4.e chaire, et 2.e atelier.
» » serrurier ajusteur — 1.ère, 2.e et 5.e chaire, et 3.e atelier.
» » tourneur modeleur — 1.ère, 2.e et 5.e chaire, et 4.e atelier.
» de maître mécanicien — 1.ère, 2.e, 3.e et 5.e chaire, et 1.er, 2.e et 3.e atelier.
» de maître chimiste — 1.ère, 2.e, 4.e et 7.e chaire, et 5.e atelier.
» de directeur mécanicien — 1.ère, 2.e, 3.e, 4.e, 5.e, 6.e et 8.e chaire, et 1.e, 2.e, 3.e et 4.e atelier.
» de directeur chimiste — 1.ère, 2.e, 4.e, 5.e, 7.e et 8.e chaire, et 5.e atelier.

Cours général — Toutes les chaires et tous les ateliers.

L'enseignement industriel à Lisbonne fut confié à un établissement spécial nommé *Institut industriel*, comprenant les trois degrés d'instruction et le travail manuel dans des ateliers ou des usines. [1]

Dans l'Institut, il y avait une bibliothèque et un musée industriels.

---

[1] A Porto, il fut créé une École indusirielle où étaient professés les deux premiers degrés d'instruction industrie lle, comprenant aussi le 7.e cours d'enseignement complémentaire.

Dans le dépôt de machines et dans la bibliothèque on devait exécuter les dessins et faire les traductions que le public demanderait, moyennant la perception d'une certaine taxe établie dans un tarif fixé par le conseil de l'Institut et approuvé par le gouvernement.

Le musée était divisé en deux sections: dépôt de machines et collections technologiques et commerciales.

Les usines ou les ateliers pourraient être établis dans les arsenaux de l'État.

Le personnel de l'Institut se composait de 7 professeurs dont un pour chaque cours, sauf pour le 2.e et le 5.e cours, réunis sous la direction d'un seul professeur, un secrétaire bibliothécaire, un conservateur, et les surveillants indispensables. Un des professeurs exerçait les fonctions de directeur et la réunion de tous constituait le conseil de l'école.

Il était prescrit que les premiers professeurs pourraient être nommés librement par le gouvernement, et, qu'à l'avenir, les candidats à l'enseignement devraient satisfaire à un concours par-devant le conseil de l'école.

Malgré cela le gouvernement ouvrit un concours consistant en documents pour la nomination de quelques-uns des premiers professeurs.

Les professeurs de l'Institut étaient classés au même rang que les professeurs des trois degrés correspondants de l'instruction publique, c'est-à-dire de l'instruction primaire, de l'instruction secondaire et de l'instruction supérieure.

Le traitement annuel du personnel était fixé comme il suit : [1]

	Réis
Directeur, gratification	200$000
Professeurs du 1.er, du 3.e et du 4.e cours, chacun	400$000
Professeur du 2.e et 5.e cours [2]	700$000
Professeurs du 6.e, 7.e et 8.e cours, chacun	700$000
Secrétaire-bibliothécaire	400$000
Conservateur	300$000
Portier	200$000
Surveillant	120$000
Contremaîtres des ateliers, N.o 1 à 4, chacun	100$000
Chef du laboratoire, N.o 5	300$000

Tous ceux qui touchaient des appointements pour d'autres emplois de l'Etat ne pouvaient recevoir qu'une gratification correspondante à la moitié du traitement attribué au service rempli par eux à l'Institut.

Les conditions requises pour l'admission des élèves étaient d'avoir Elèves. au moins douze ans, de savoir lire et écrire et de ne souffrir d'aucune maladie contagieuse.

---

[1] 1$000 réis correspondant à 5:556 réis (au pair).

[2] Par décret du 25 novembre 1853, sur proposition du directeur de l'Institut industriel de Lisbonne, le 3.e, le 5.e et le 9.e cours furent englobés en un seul, et le 2.e cours devint indépendant. Il fut alloué au professeur des trois cours réunis le traitement annuel de 700$000 réis, et à celui du 2.e cours, 400$000 réis.

Les cours étaient suivis par des élèves ordinaires réguliers, des élèves libres et de simples assistants inscrits. Les élèves sont dits réguliers quand ils fréquentent les cours suivant l'ordre établi dans les règlements, libres quand ils les suivent à leur choix sans observer la distribution prescrite; assistants inscrits sont ceux qui se bornent à faire constater leur présence dans les cours.

Les prix, qui étaient pécuniaires et fixés annuellement par le gouvernement, ne pouvaient être décernés qu'aux élèves réguliers.

Les élèves réguliers et les élèves libres de l'Institut industriel jouissaient de l'exemption du service militaire tant que leur application aux études était satisfaisante. Tout élève pouvait être renvoyé pour mauvaise conduite ou manque d'application au travail.

Les cours étaient tenus le so r sauf pour ce qui concernait le travail manuel dans les ateliers.

Il était déterminé que, passé trois ans après l'installation de l'Institut industriel de Lisbonne et de l'École industrielle de Porto, nul ouvrier ne pourrait être admis dans les usines de l'État sans avoir été reçu dans les cours correspondant à son métier. Cette disposition cependant n'a pas été observée.

Comité de direction de l'enseignement industriel. — L'administration supérieure de l'enseignement industriel incombait à un comité de direction. Celui-ci se composait du ministre des travaux publics, président, du directeur général de la section du commerce et industrie, vice-président, du chef du bureau des manufactures, secrétaire, du directeur de l'Institut industriel, des professeurs de l'enseignement complémentaire et de deux membres de la section des manufactures du comité général du commerce.

Règlement de l'Institut industriel de Lisbonne. — Le 1er décembre 1853 fut décrété le règlement provisoire pour l'Institut industriel de Lisbonne et pour l'École industrielle de Porto dont nous résumons, ci-dessous, les dispositions principales.

Conseils de l'Institut. — L'Institut devrait être administré par trois conseils: le conseil de l'école, le conseil technologique et le conseil administratif.

Au premier, composé de tous les professeurs de l'Institut, appartiendrait la direction scientifique de l'établissement.

Le deuxième, constitué par les professeurs du 2.e et du 8.e cours, aurait sous ses soins le musée, les ateliers, le laboratoire et l'enseignement y relatifs.

Le conseil administratif, comprenant le directeur et les professeurs du 1er et du 8.e cours devrait contrôler l'administration financière de l'Institut et de ses dépendances.

Ingénieur de l'Institut et directeur du laboratoire de chimie. — Le professeur du 6.e cours remplirait les fonctions d'ingénieur de l'Institut et de directeur général des ateliers ou des usines, et le professeur du 7.e cours serait directeur du laboratoire de chimie.

Entre autres attributions, il incomberait à l'un et à l'autre de fixer les prix des services et des ouvrages exécutés dans les établissements à leur charge tout en évitant de faire concurrence à l'industrie particulière.

Régime des études. — Les études ne furent pas réglementées, ceci étant laissé aux soins du conseil de l'école. Sous ce rapport le règlement se bornait à établir les conditions pour être admis à passer les examens et pour gagner les prix, eu égard au nombre d'absences.

Le gouvernement, prenant en considération les représentations du directeur de l'Institut industriel de Lisbonne, approuva, par décret du 25 novembre 1859, un nouveau règlement provisoire pour cet établissement. Règlement de 1859.

Les principales modifications apportées à l'ancien règlement sont les suivantes :

1.º le conseil technologique et le conseil administratif furent supprimés, leurs attributions étant transférées au conseil de l'école;

2.º les fonctions du professeur de mécanique furent réduites, il cessa d'être directeur général des ateliers, ne conservant à sa charge que la serrurerie et la fonderie avec leurs annexes;

3.º la direction d'un cabinet de physique fut confiée au professeur de cette science;

4.º il fut créé une place de directeur, chargé exclusivement de l'atelier d'instruments de précision tant dans sa partie technique que dans sa partie administrative;

5.º les conditions d'admission aux examens furent, relativement au nombre des absences, simplifiées et réduites à une seule, d'après laquelle tout élève dont les absences auraient atteint un quart du nombre des leçons perdrait l'année; toutes autres prescriptions réglementaires concernant l'enseignement furent laissées à l'initiative du conseil de l'école.

En 1854, l'Institut industriel ayant comme directeur le Conseiller José Victorino Damasio, éminent ingénieur et professeur et l'un des braves de la campagne de la liberté, il fut installé dans cet établissement des ateliers de dessin, de lithographie, de modelage d'instruments de précision [1] ainsi qu'une fonderie, une serrurerie, des forges et un laboratoire de chimie. Ateliers.

Ces installations étaient destinées spécialement à l'enseignement, mais on y exécutait aussi de l'ouvrage pour divers établissements officiels et pour le public, le tarif des prix étant fixé de façon à ne pas nuire à l'industrie particulière, comme il était recommandé au règlement de l'Institut.

Malgré cela, il y eut des réclamations de la part des industriels qui se plaignaient que les ateliers de l'Institut leur faisaient une concurrence préjudiciable, surtout dans les articles en fonte.

---

[1] L'atelier d'instruments de précision fut établi, sans attendre une sanction légale, afin de satisfaire aux pressants besoins d'un grand nombre d'établissements scientifiques lesquels, dans l'impossibilité de faire entretenir et réparer dans le pays des instruments d'usage quotidien, étaient forcés de les envoyer à l'étranger, d'où résultaient de graves inconvénients et d'énormes préjudices, comme il est dit dans le rapport ministériel qui précède le décret de 1864, réorganisant l'enseignement industriel.

Dans le temps, des intruments de précision pour l'usage du génie ont été construits à l'arsenal de l'armée, où, non seulement ce service a cessé, mais n'aurait même pas suffi aux besoins dont il est question.

Par arrêté ministériel du 21 juin 1858, une commission d'enquête fut nommée pour vérifier si ces réclamations étaient justes. Il fut reconnu que les industriels n'avaient pas raison et la commission, se conformant aux représentations et aux rapports adressés à plusieurs reprises au gouvernement par la direction de l'Institut, émit l'avis que l'organisation de cet établissement laissait à désirer et qu'une réforme visant au plus grand avancement de l'enseignement industriel était souhaitable.

En 1859, un décret daté du 7 juillet, nomma une nouvelle commission d'enquête dans le même but que le précédent et, l'année suivante, le gouvernement fit fermer les ateliers, sauf celui d'instruments de précision et le laboratoire de chimie qui furent conservés.

Musée industriel. Pour l'installation du musée industriel aucune somme ne fut allouée et on n'y mit à profit qu'un très petit nombre de modèles provenant de l'ancien Conservatoire des arts et métiers. Il est vrai qu'à diverses reprises, le gouvernement mit à la disposition de l'Institut d'importantes sommes et que, en 1857, le roi D. Pedro V ordonna d'y appliquer 1.000$000 réis *(5.550ᶠʳ·56)* de la dotation de cet établissement, pour en enrichir les collections. Toutes ces sommes cependant durent être employées à l'acquisition de matériel scolaire pour lequel nulle dotation n'avait été allouée dans le décret organique de l'Institut de 1852.

Il ne put être donné une installation convenable au musée industriel qu'en 1864, lors de la réorganisation de l'enseignement industriel qui régularisa les omissions du premier décret sous le rapport de la situation financière de l'Institut.

Projet de loi pour la réforme de l'enseignement industriel. Le conseil scolaire de l'Institut et la commission d'enquête de 1859 ayant, dans leurs rapports adressés au gouvernement, montré l'utilité d'améliorer et de compléter l'organisation primitive de l'enseignement industriel, le ministre des travaux publics soumit au parlement, le 19 juin 1859, un projet à cet effet, lequel ne fut cependant jamais converti en loi.

Organisation de l'enseignement industriel en 1864

Réorganisation de l'enseignement industriel en 1864. Par un décret en date du 20 décembre 1864, signé par l'éminent ingénieur et digne homme d'État, João Chrisostomo de Abreu e Sousa, le gouvernement, usant de la faculté qui lui avait été donnée dans la loi du 25 juin de la même année, réorganisa l'enseignement industriel sur les bases suivantes :

L'enseignement serait divisé en deux degrés :

Bases générales. 1.º enseignement général commun à tous les arts, professions et métiers industriels;

2.º enseignement spécial pour les divers arts et manufactures.

Chacun de ces degrés comprendrait une partie théorique et une partie pratique.

Écoles et Instituts industriels. La partie théorique serait professée dans les établissements d'enseignement industriel de Lisbonne et de Porto, lesquels s'appelleraient Instituts industriels, et dans les Écoles industrielles à établir dans d'autres villes du pays. [1]

L'enseignement pratique devrait avoir lieu dans des usines et des établissements de l'État ou dans des ateliers et des fabriques de particuliers moyennant accord préalable entre le gouvernement et les chefs de ces derniers établissements. *Ateliers.*

L'enseignement du premier degré formerait un cours élémentaire comprenant l'exercice manuel dans les usines et l'étude des matières suivantes: *Enseignement du premier degré. Cours élémentaire.*

1.º arithmétique, algèbre, géométrie élémentaire et dessin linéaire;

2.º principes de physique et de chimie et notions de mécanique;

3.º technologie élémentaire et dessin géométrique.

L'enseignement du deuxième degré dans les *Instituts* se composerait des cours suivants: *Enseignement du deuxième degré.*

1.º arithmétique, algèbre, géométrie, trigonométrie et dessin linéaire;

2.º géométrie descriptive appliquée à l'industrie, topographie et dessins topographiques, dessins de modèles et de machines;

3.º physique et applications de cette science aux arts, à la télégraphie et aux installations de phares;

4.º chimie appliquée aux arts, à la teinturerie et au gaufrage;

5.º mécanique industrielle avec son application à l'exécution de machines, spécialement de celles à vapeur, et mécanique appliquée aux travaux de construction;

6.º constructions civiles et technologie;

7.º exploitation de mines, géognosie et métallurgie; [2]

8.º dessin d'ornement et dessin d'architecture;

9.º comptabilité, principes d'économie industrielle, statistique, notions de droit commercial et administratif;

10.º langue française et langue anglaise.

Les matières sus-mentionnées se grouperaient pour former des cours d'études applicables aux spécialités sui antes; *Cours d'études industriels du deuxième degré.*

1.º directeurs de fabriques et d'usines, chefs de travaux industriels et contremaîtres;

2.º conducteurs de travaux publics, conducteurs de mines, mécaniciens et chauffeurs;

3.º télégraphistes;

4.º charpentiers, architectes;

5.º personnel pour le service des phares;

6.º contremaîtres chimistes et teinturiers;

7.º constructeurs d'instruments de précision.

---

[1] A Porto il y avait une *École industrielle,* créée, en 1852, qui prit le nom d'*Institut Industriel de Porto,* en vertu de cette organisation. Des Écoles industrielles furent établies immédiatement dans les villes suivantes: Guimarães, Covilhá et Portalegre, centres industriels qui étaient déjà assez importants.

[2] Il n'a pas été nommé de professeur pour le cours d'exploitation de mines pendant qu'a été en vigueur l'organisation de l'enseignement établie en 1864.

Outre ces cours d'études, le gouvernement pourrait en créer d'autres sur proposition du conseil de perfectionnement, nulle augmentation de dépenses ne pouvant, toutefois, avoir lieu sans la sanction du pouvoir législatif.

Les matières formant les divers cours d'études du 2.º degré et la durée de ceux-ci seraient arrêtés dans les règlements. [1]

Conseil de l'École et conseil administratif.

Dans chaque Institut, il y aurait le conseil de l'école et le conseil administratif.

Le premier aurait à sa charge tout ce qui concerne l'enseignement; il incomberait au second l'administration économique des établissements et de leurs dépendances.

Le conseil de l'école se composerait du directeur, président, et des professeurs; le conseil administratif serait constitué par le directeur et par deux professeurs que choisirait le conseil de l'école.

Les secrétaires des Instituts exerceraient les fonctions de secrétaires des deux conseils, mais ils n'auraient de vote que dans le conseil administratif.

Conseil de perfectionnement.

Dans chacun des Instituts il y aurait aussi un conseil de perfectionnement composé des membres du conseil et des individus que le gouvernement jugerait convenable d'y adjoindre, ayant comme président, le directeur de l'établissement, et comme secrétaire le plus jeune des membres du conseil.

Directeurs.

Il appartiendrait à ce conseil d'étudier et de soumettre au gouvernement toutes les mesures qui pussent contribuer à l'amélioration de l'enseignement industriel.

Les directeurs des Instituts seraient choisis librement par le gouvernement, et, outre les attributions inhérentes à leurs postes, ils seraient tenus de veiller aux élèves pratiquant dans les usines de l'État et de prendre les mesures nécessaires pour la surveillance de ceux qui travailleraient dans des établissements de particuliers.

Professeurs.

Il y aurait des professeurs titulaires ou de première classe et des professeurs adjoints ou de seconde classe. Les premiers tiendraient les cours, les seconds seraient chargés des cours élémentaires, remplaceraient les premiers en cas d'absence et rempl'raient tous autres services scolaires en conform té des règlements.

Il ne devrait pas y avoir plus de douze professeurs des deux classes dans chaque Institut. Ces professeurs seraient nommés moyennant un concours par documents sur avis du conseil de perfectionnement.

L'exercice des fonctions de professeur constituerait une commission durant, en général, au moins 5 ans. Passé le délai pour lequel le professeur aurait été nommé, le gouvernement, sur l'avis du conseil de perfectionnement, pourrait proroger sa commission pour le temps jugé convenable dans l'intérêt de l'enseignement, s'il avait fait preuve d'assiduité dans son service.

---

[1] Voir page 36.

Il serait permis au gouvernement de nommer des professeurs étrangers à défaut de candidats portugais compétents.

Tous pourraient obtenir leurs retraites suivant certaines conditions de temps de service [1].

Les élèves seraient classés en ordinaires ou réguliers et en libres. *Élèves.*

Seuls les premiers pourraient recevoir les prix, qui seraient au nombre de deux: un de 40$000 réis et un autre de 20$000 réis (222 [fr.] 22 et 111 [fr.] 11 au pair) pour chaque cours.

Comme seule condition exigée pour l'immatriculation ou l'admission des élèves, laquelle serait gratuite, ils devraient savoir lire et écrire, connaître les quatre opérations des nombres entiers et décimaux, ou, pour suivre les cours de l'enseignement du second degré, avoir subi tous les examens des écoles industrielles. Le gouvernement resta autorisé à établir un internat dépendant de chacun des Instituts industriels [2].

Il serait délivré un diplôme aux élèves ayant été reçus dans tous les examens compris dans chaque cours d'études, et à tout individu dans les mêmes circonstances quoique il n'ait pas été élève de l'Institut. *Diplômes des cours d'études.*

Pour l'obtention du diplôme général, il serait nécessaire d'avoir passé avec succès les examens de français et d'anglais.

Dans les Instituts il y aurait un secrétaire-bibliothécaire, un conservateur, un commis d'écritures remplissant les fonctions de caissier et de payeur, un préparateur de chimie et de physique, un portier et quatre surveillants. *Employés.*

Chacun des Instituts devrait avoir une bibliothèque, un laboratoire de chimie, un cabinet de physique et un musée technologique comprenant des modèles, des dessins, des instruments, divers produits et matériaux et tous articles propres à faciliter l'enseignement industriel. *Établissements concourant à l'enseignement.*

L'Institut industriel de Lisbonne devrait maintenir aussi un atelier pour instruments de précision ayant un directeur nommé sur la proposition du conseil de l'École.

Les traitements annuels du personnel et la somme affectée annuellement aux frais généraux de l'Institut seraient comme suit [3]: *Traitement du personnel et frais généraux de l'Institut.*

	Réis
Directeur	600$000
Directeur (s'il avait un autre emploi officiel)	300$000
Professeur titulaire ou professeur de première classe	700$000
Professeur de deuxième classe ou professeur adjoint	450$000
Professeur de la langue française et de l'anglaise	500$000
Directeur de l'atelier d'instruments de précision, non compris la gratification proposée annuellement par le conseil de l'École	600$000

---

[1] Il n'a été nommé aucun professeur suivant les termes du décret de 1864.

[2] Peu de temps après l'ouverture des cours de l'Institut industriel de Lisbonne, il y avait été annexé un internat. mesure que légalisa jusqu'à un certain point la réforme décrétée en 1864. En 1866, cependant, le gouvernement fit cesser l'internat jugeant que les frais de son entretien n'étaient pas compensés par les résultats obtenus.

[3] 1$000 réis équivalent à 5[fr.]555, au pair.

	Réis
Secrétaire-bibliothécaire	400$000
Agent comptable	300$000
Conservateur	300$000
Préparateur	300$000
Portier	240$000
Surveillant	180$000
Montant des prix dans chaque Institut	600$000
Bibliothèque, expériences et démonstrations de chimie et de physique et frais divers pour les deux Instituts	6:000$000
Acquisitions de modèles de machines, d'appareils, et de collections pour les musées technologiques, pour les cabinets de physique et de géologie et pour les laboratoires de chimie dans les deux Instituts	8:000$000
Pour l'atelier d'instruments de précision	2:000$000

Matériel d'enseignement. Malgré ce que prescrivait le décret organique de l'Institut, de 1864, ce ne fut qu'en 1856, le portefeuille des travaux publics étant alors régi par l'illustre homme d'État et savant professeur de l'École polytechnique, João de Andrade Corvo, que l'Institut industriel de Lisbonne commença à recevoir la somme affectée à l'acquisition de matériel pour les installations précitées.

On confia alors l'organisation du musée technologique à l'éminent professeur de physique, présentement directeur de l'Institut, le conseiller Francisco da Fonseca Benevides [1].

Grâce au zèle exceptionnel de ce savant professeur, l'Institut lui fut redevable de la rapide organisation du musée technologique et du progrès constant, jusqu'en 1887, de cette installation qui devint un précieux auxiliaire de l'enseignement industriel. Malheureusement, des circonstances qui seront exposées ci-après (voir pag.   ) annulèrent, presque complètement, le fruit du travail intelligent et persévérant du professeur Benevides.

Cabinet de physique. Il n'en est pas de même de ce qui concerne le cabinet de physique, lesquel est toujours une installation remarquable par la richesse et le bon choix de ses instruments et autres éléments d'étude, qui rendent les leçons du professeur Benevides un des cours les plus attrayants de l'Institut.

Laboratoire de chimie. Le laboratoire de chimie a été établi sous la direction éclairée de l'illustre professeur, feu Antonio Augusto d'Aguiar.

Professeur Benevides. [1] Le conseiller Benevides a été aussi professeur de balistique et d'artillerie à l'École navale et a écrit d'excellents traités sur les matières professées par lui, ainsi que des ouvrages historiques et littéraires. Il est membre de l'Académie royale des sciences de Lisbonne et de diverses sociétés scientifiques du Portugal et de l'étranger.

Parmi ses publications se trouvent les catalogues descriptifs du musée de technologie de 1872 et 1873, ce dernier précédé d'une notice historique sur son installation.

CHAPITRE II

Enseignement commercial

Cours de commerce

Portugal est une des premières nations, sinon la première nation, où a été établi l'enseignement officiel du commerce.

Sous le règne de D. José I, qui avait comme premier ministre le célèbre marquis de Pombal, un décret, en date du 3o septembre 1755, créa la junte de commerce destinée à favoriser le progrès de cette importante branche de l'activité humaine.

Dans les statuts de la junte de commerce, approuvés par ordonnance du 16 décembre 1756, il était prescrit qu'elle organiserait un cours d'études où entreraient la tenue de livres, la réduction de monnaies de mesures et de poids, les opérations de change et toutes autres connaissances nécessaires pour former des commerçants experts, dont le manque «était si préjudiciable au commerce du royaume».

La junte prépara les *Règlements du cours de commerce* qui furent sanctionnés par une ordonnance royale, en date du 19 mai 1759.

Suivant ces règlements les matières professées étaient :

a) Arithmétique, comprenant des notions sur les poids et les mesures des divers marchés, surtout de ceux maintenant des relations commerciales avec le Portugal, notions sur les changes et les assurances ;

b) Comptabilité commerciale. La durée du cours était de trois ans, «délai jugé nécessaire pour la dictée, l'étude et la pratique des principales matières» constituant l'enseignement de l'École.

Le nombre ordinaire d'élèves était de vingt ; mais il était permis à la junte d'admettre un nombre égal d'élèves surnuméraires.

La junte devait accorder aux premiers une subvention *(emolumentoi.* comme encouragement, et pourvoir aux besoins de tous ceux qui manqueraient de moyens de subsistance.

Les conditions d'admission étaient de ne pas avoir plus de quatorze ans, lors de la première inscription, et de subir des épreuves de lecture, d'écriture et de calcul, sur les quatre opérations au moins. Étaient préférés les candidats à élèves qui étaient fils de négociants portugais et ceux qui étaient les plus jeunes.

Professeurs. Les professeurs seraient au nombre de deux, tant qu'on ne reconnaîtrait pas, par l'expérience, qu'un seul était suffisant. Ils étaient nommés pour trois ans par la junte, qui pouvait les maintenir ensuite dans leur poste s'ils faisaient preuve d'aptitude pour l'enseignement.

Dispositions pédagogiques. Les règlements, très minutieux, en tout ce qui concerne les études, contenaient des indications pédagogiques très intéressantes témoignant d'une excellente direction dans l'enseignement.

Avantages inhérents au cours de commerce. Il était délivré un certificat d'études aux élèves reçus dans le cours de commerce. Ceux-ci devaient être préférés pour tous les emplois dont la nomination dépendait de la junte de commerce, et étaient libres d'ouvrir une maison de commerce pour leur compte après avoir été commis de magasin, pendant cinq ans au lieu de six ans, comme l'exigeaient en général les règlements de 1756.

Le décret du 3o avril 187o prescrivit que tous les commerçants portugais de la place de Lisbonne fussent immatriculés à la junte du commerce, et que, sur d'autres registres, on inscrivît tous les comptables, les commis et les commerçants employés dans des maisons de commerce portugaises et dans des sociétés et des compagnies publiques ou particulières.

L'exercice de ces professions était interdit par ce décret aux individus non immatriculés et aux fils des commerçants n'ayant pas le diplôme du cours de commerce.

Il fut déterminé, en outre, que, dans tous les navires marchands, se rendant dans les ports d'Asie, on admît, en qualité de caissiers, de subrécargues et d'expéditionnaires, deux stagiaires ayant complété le cours en question; qu'on en fît autant par rapport aux commissaires dans les navires de la marine royale; que, seulement les individus possédant le certificat des études de commerce pussent devenir commis et agents des compagnies générales et de leurs factoreries, ou des administrations et des sociétés s'occupant du commerce en gros, être nommés mesureurs et priseurs des cargaisons et des navires, entrer dans les bureaux de contrôle et de perception des impôts ou d'autres services des finances.

Le cours de commerce, dont les résultats furent on ne peut plus brillants pour l'instruction de la classe commerciale, eut en sa faveur l'opinion publique et la haute protection de D. José. Le roi avec toute la cour assistait souvent aux examens et son grand ministre n'y manquait que rarement.

Suppression de la junte du commerce. La junte du commerce qui avait été convertie, par une ordonnance du 5 juin 1788, en haute cour, sous la dénomination de *junte royale du commerce de l'agriculture, des fabriques et de la navigation* fut supprimée par décret du 3o juin 1834.

Le décrét précité maintint le cours de commerce en le plaçant sous l'inspection du commissaire d'études de Lisbonne.

Celui-ci ne tarda pas à soumettre à l'approbation du gouvernement un projet de règlement pour les concours des candidats à professeurs des cours d'études commerciales, règlement qui fut approuvé pour exécution provisoire par l'arrêté ministériel du 11 septembre 1834.

Le décret de 1836, créant les lycées nationaux (voir pag. 1) et supprimant des cours tenus dans diverses villes du royaume, respecta l'enseignement commercial.

Un autre décret, en date du 6 novembre 1837, détermina que le cours d'études commerciales continuerait sous l'inspection provisoire du commissaire d'études de Lisbonne jusqu'à ce qu'une nouvelle organisation fût approuvée ou que les cours fussent incorporés dans un autre établissement d'enseignement.

Incorporation du cours de commerce au Lycée national de Lisbonne

Le décret ayant force de loi du 20 septembre 1844, en réorganisant l'instruction publique, annexa les cours d'études commerciales au Lycée national de Lisbonne, sous la désignation d'*École de commerce* ou *section commerciale* [1].

Afin de faciliter la fréquentation des cours d'instruction secondaire, ce lycée était divisé en trois sections correspondant aux divisions par arrondissement de la capitale.

Le cours d'études commerciales constituait la quatrième section.

La durée de celui-ci fut fixée à deux ans avec la distribution suivante de matières:

1.° Arithmétique commerciale comprenant, monnaies, poids et mesures et éléments d'algèbre et de géométrie;

2.° Géographie, spécialement la partie appliquée au commerce, histoire et chronologie;

3.° Comptabilité, assurances, changes, traites et partie pratique de cet enseignement;

4.° Économie politique, droit administratif et commercial.

La première et la troisième de ces matières étaient enseignées par deux professeurs titulaires et un professeur adjoint touchant le même traitement que les professeurs du Lycée national de Lisbonne. L'enseignement de la deuxième des sciences susdites, correspondant au sixième cours du Lycée, était confié au professeur de cet établissement; et la quatrième était professée à l'École polytechnique faisant partie de la 10.ᵉ chaire de cette institution.

---

[1] Malgré la dénomination réglementaire de *Section Commerciale*, on continua à se servir communément, et même dans des documents officiels, de l'ancien nom de *Cours*, ou *Classe (aula)* et d'*École de Commerce*, surtout de la désignation primitive de *Cours* ou *Classe (aula)* du Commerce.

Conditions d'admission

La condition requise pour être admis à suivre la première année du cours d'études commerciales était d'avoir quatorze ans au moins et d'être reçu dans les examens de français, d'anglais et d'arithmétique appliquée aux quatre opérations fondamentales; pour pouvoir suivre la seconde année, l'élève devait avoir été reçu dans les examens de la première année.

Diplômes du cours d'études commerciales.

Nul n'avait droit au diplôme du cours d'études commerciales sans avoir été reçu dans l'examen de langue anglaise.

Direction du cours d'études commerciales.

Le cours d'études commerciales était placé sous l'autorité du directeur du lycée de Lisbonne simultanément commissaire des études de Lisbonne.

Enseignement commercial élémentaire.

Il était déterminé qu'auprès de l'École de commerce il y aurait un cours primaire du deuxième degré affecté à l'enseignement commercial élémentaire.

Méthode d'enseignement. Nouveaux livres adoptés.

L'arrêté ministériel, en date du 11 juillet 1846, prescrivit que l'on adoptât l'*arithmétique* de Feyo et la *géométrie* de Villela au lieu des deux livres de Bezout suivis dans la première année du cours d'études commerciales. Il y était déterminé en outre que l'on maintînt la même méthode d'enseignement d'après laquelle, à chaque leçon, le professeur marquait le nombre de pages du livre que l'élève devrait apprendre, pour la leçon suivante, où étaient éclaircies les difficultés trouvées par les élèves; il détermina, en outre, que les élèves du lycée qui auraient à fréquenter le cours de mathématiques élémentaires à l'École polytechnique suivissent le cours d'arithmétique commerciale, au lieu du cours correspondant du lycée qui était moins élémentaire et moins pratique et se rapprochait davantage des cours professés à l'École polytechnique où prédominaient la partie théorique et les mathématiques pures et transcendantes [1].

Notes sur les lycées nationaux.

[1] Comme il a été dit (p. 11), dans les lycées nationaux de Lisbonne, Porto et Coïmbre, on n'avait pas le cours d'éléments de mathématiques, comme dans les autres lycées, la matière équivalente, professée à l'École polytechnique de Lisbonne, à l'Académie polytechnique de Porto et à l'Université de Coïmbre, étant considérée comme appartenant au cours des lycées de ces villes.

Par la loi du 12 août 1854, il fut créé, dans ses derniers, un cours d'arithmétique, d'algèbre élémentaire, de principes de trigonométrie plane et de géographie mathématique. Dans les autres lycées du royaume, ces matières constituaient le 3.ᵉ cours. La même loi autorisa le gouvernement à établir, successivement, dans chaque lycée des chefs-lieux de district, les cours de principes de physique et de chimie et d'éléments d'histoire naturelle des trois règnes.

Les cours dont il s'agit cessèrent alors d'être tenus aux deux Écoles polytechniques et à l'Université et firent partie des préparatoires exigés pour l'admission dans ces établissements et dans tous les autres d'instruction supérieure. Le cours d'éléments de mathématiques, dans tous les lycées, passa à durer deux ans, suivant une disposition du décret du 4 décembre 1860. Depuis cette époque-là, l'instruction secondaire a subi diverses réorganisations qu'il n'y a pas lieu d'examiner dans le présent mémoire.

La dernière réforme, qui a été décrétée le 20 décembre 1894, donna à l'instruction secondaire une organisation semblable à celle adoptée en Allemagne et dans d'autres pays.

Ce fut seulement le 10 avril 1860 qu'on décréta un règlement pour les lycées nationaux, règlement que l'arrêté ministériel du 26 avril 1861 fit appliquer à l'école de commerce.

Il y était déterminé :

a) Que, pour être admis à suivre les cours de la première année, il faudrait avoir quatorze ans, au moins, et, outre cette condition, avoir passé avec succès les examens de portugais, de français et de dessin (1 ère et 2e année), dans un lycée national ;

b) Que, pour être inscrit à la seconde année du cours d'études commerciales, l'élève devrait avoir été reçu aux examens compris dans la première année ;

c) que, pour passer l'examen du 3e cours, tous individus, n'appartenant pas à l'école de commerce, devraient avoir rempli la condition anterieure, présenter un certificat du directeur du Collège ou de leur maître établissant qu'il s'étaient livrés, d'une manière satisfaisante et pendant six mois au moins, à l'étude des matières requises ; enfin, avoir suivi le cours officiel, tout le temps qu'aurait duré l'enseignement de la comptabilité commerciale et produire une déclaration écrite du professeur du cours constatant leur présence.

Au mois de décembre 1864 l'Association Commerciale de Lisbonne ouvrit des cours libres, tenus le soir à son siège, de droit commercial portugais et d'économie politique destinés aux sociétaires, à leurs fils et à leurs employés. [1] *(Cours libres de droit commercial et d'économie politique.)*

Dans le but d'organiser les cours de l'École de Commerce de façon que, tout en ne s'écartant pas des bases arrêtées par la loi, ils devinssent aussi profitables que possible à l'instruction des individus embrassant la carrière commerciale, il fut décrété, le 9 octobre 1866, un règlement pour l'école. *(Règlement de l'École de commerce.)*

Les études continueraient à durer deux ans et comprendraient les cours ci-dessous indiqués. *(Nouvelle organisation du cours d'études commerciales.)*

1.ère ANNÉE

Première classe. — Arithmétique commerciale, algèbre élémentaire et géométrie. Quatre leçons par semaine.

Deuxième classe. — Première partie. Géographie mathématique industrielle et commerciale, et histoire des produits du commerce. Trois leçons par semaine.

Troisième classe. — Comptabilité avec ses principales applications ; usages du commerce. Quatre leçons par semaine.

2.e ANNÉE

Deuxième classe. — Deuxième partie. Histoire générale du commerce et de l'industrie. Deux leçons par semaine.

---

[1] En 1835, l'Association Commerciale Lisbonne avait établi aussi un cours libre de législation commerciale.

Troisième classe. — Deuxième partie. Comptabilité commerciale. Exercices pratiques sur les matières étudiées dans la première année. Quatre leçons par semaine.

Quatrième classe. — Première partie. Économie politique et statistique commerciale. Deux leçons par semaine.

Cinquième classe. — Deuxième partie. Éléments de droit commercial et maritime, législation économique et administration des douanes (trois leçons par semaine); exercice de la langue anglaise ou allemande (cinq leçons par semaine).

Leçons. La durée des leçons dans divers cours serait d'une heure et demie, sauf pour la comptabilité et les langues vivantes où elles dureraient deux heures. Ces dernières leçons devraient être tenues le soir et les autres pendant la journée.

Professeurs. L'enseignement serait confié à deux professeurs titulaires et à un professeur adjoint comme il avait déjà été établi par le décret précité de 1844. Provisoirement les cours seraient tenus par des professeurs des diverses sections du lycée national de Lisbonne, nommés annuellement par le gouvernement sur la proposition du directeur du lycée;

Élèves. Il y aurait deux catégories d'élèves, réguliers et libres, conformément au dispositif du décret antérieur.

Pour devenir élève de l'école, soit régulier soit libre, il faudrait avoir treize ans au moins, avoir été reçu dans la première année des lycées de première classe [1] et dans des épreuves d'écriture, ou encore dans les examens des mêmes matières à l'École de commerce ou enfin, dans le cours d'études élémentaires tenu à cette école et dans l'examen de langue française.

Pour être inscrit à la deuxième année du cours d'études commerciales les élèves libres auraient à produire un certificat constatant qu'ils avaient suivi les cours de l'école et rempli les conditions voulues pour être admis aux épreuves finales.

Il serait permis aux élèves libres de suivre les cours suivant l'ordre qu'ils voudraient, excepté pour les matières enseignées en deux ans, qu'ils devraient commencer par la première année.

Dispense de suivre les cours. Les élèves ayant passé, dans d'autres établissements officiels des examens de matières enseignées à l'école de commerce seraient dispensés d'en fréquenter les cours et admis aux épreuves finales suivant les programmes de l'École.

Diplômes du cours d'études. A tout élève ayant conclu le cours d'études il serait délivré un diplôme mentionnant son mérite littéraire.

Ce diplôme, ainsi que l'équivalent de l'Académie Polytechnique de Porto, serait le seul titre admis pour concourir aux places de commis de l'administration des douanes et du trésor public.

On percevrait 1$200 réis (6^{fr}67 au pair) d'émoluments pour les di-

---

[1] Le règlement du 10 avril 1860 classait les lycées en deux groupes, ceux de Lisbonne, de Porto, de Coïmbre, de Braga et d'Evora étant désignés comme lycées de première classe, et ceux des autres villes comme lycées de seconde classe.

plômes du cours d'études commerciales, lesquels seraient passés au nom du conseil de l'école et signés par le directeur et le secrétaire.

L'école devrait posséder une bibliothèque spéciale contenant des ouvrages nationaux et étrangers sur les sciences professées à l'École et un musée de produits de commerce. *(Bibliothèque et musée.)*

Les professeurs de l'École, sous la présidence du recteur du lycée national de Lisbonne, formeraient le conseil de l'École à la charge duquel serait l'administration scientifique de l'établissement. *(Conseil de l'École.)*

Le professeur adjoint et, en son absence le plus moderne des professeurs de l'École, exercerait les fonctions de secrétaire. *(Secrétaire de l'École.)*

Dans toutes les autres questions concernant le régime de l'enseignement, l'administration, les professeurs et les agents de l'École, et non prévues dans les dispositions spéciales du règlement de 1866 et de 1868, on observerait le règlement des lycées nationaux, approuvé par le décret du 9 septembre 1863. *(Application du règlement des lycées.)*

Le cours élémentaire de commerce de l'École primaire du deuxième degré, jointe à l'École de Commerce, comprendrait les matières suivantes : *(Cours élémentaire d'études commerciales.)*

Dessin linéaire et écriture; arithmétique commerciale et éléments de géométrie; comptabilité commerciale et usage du commerce; géographie et histoire commerciales.

Les cours des études élémentaires, dont l'ouverture aurait lieu le premier octobre, et la clôture le 30 juillet, seraient tenus le matin et le soir à des heures permettant aux employés des maisons de commerce de les suivre et les leçons dureraient 2 heures et demie le matin et 2 heures le soir.

Le minimum d'âge pour être inscrit dans le cours, serait de dix ans, l'examen d'instruction primaire du premier degré étant requis.

Il n'y aurait que des élèves réguliers, qui pourraient fréquenter, dans une année, les leçons du matin, et dans une autre, celles du soir. Les deux années terminées ils passeraient un examen devant une commission composée du directeur du lycée, du professeur du cours et d'un des professeurs de l'école de commerce lesquels se remplaceraient alternativement.

Les examens auraient lieu à la mi-août, et il serait délivré des certificats du résultat, signés par le secrétaire de l'école, où on constaterait en même temps, comme motif de préférence, tout examen de langue vivante où l'élève aurait été reçu.

Par décret du 30 décembre 1869, l'enseignement commercial à Lisbonne fut transféré à l'Institut Industriel, l'École de Commerce et le cours élémentaire annexe étant pour ce fait supprimés. *(Suppression de l'École de commerce.)*

PARTIE II

Histoire de l'Institut industriel et commercial de Lisbonne

CHAPITRE I

Organisation de 1869 et modifications de 1870, 1879 et 1880

Organisation de 1869

La loi du 23 août 1869 autorisa le gouvernement à réorganiser les services publics en les simplifiant et en réduisant les dépenses. Dans l'usage de cette faculté, le gouvernement, qui avait comme ministre des travaux publics Joaquim Thomaz Lobo d'Avila[1], décréta une nouvelle organisation pour les Instituts industriels de Lisbonne et de Porto.

A Lisbonne l'enseignement commercial fut transféré à l'Institut, ce qui valut à cet établissement la dénomination d'«Institut industriel et commercial de Lisbonne».

L'autre Institut, dont la mission continua à être la même, ne changea pas de nom et reçut une organisation différente de celui de Lisbonne, le seul dont nous nous occuperons ici.

L'école de commerçe, ou la section commerciale, au Lycée national de Lisbonne fut supprimée.

Les différences principales que présentait la nouvelle organisation par rapport à l'ancienne sont exposées ci-dessous:

1.º Il était créé une nouvelle place de professeur pour la comptabilité industrielle et commerciale, la géographie commerciale, les questions concernant les assurances, les changes et les traites, et pour les exercices pratiques y relatifs, matières qui constitueraient le 7.ᵉ cours de l'Institut.

---

[1] Le Conseiller d'État, Lobo d'Avila, plus tard élevé au rang de Comte de Valbom, ingénieur distingué, ancien professeur de l'*Escola do Exercito* (école militaire supérieure), membre effectif de l'Académie Royale des Sciences, auteur d'excellents ouvrages sur l'administration publique est un des hommes d'État les plus remarquables du Portugal.

Création d'un cours d'études commerciales.

2.º Il était établi un cours d'études commerciales[1].

Suppression du cours d'exploitation de mines.

3.º Était supprimé le cours d'exploitation de mines, de géognosie et de métallurgie (7.ᵉ de l'organisation de 1864).

Suppression des cours de conducteurs de mines et de contre-maîtres de mines.

4.º—Cessaient d'exister les cours de conducteurs et de contremaîtres de mines.

Cours d'instruction générale pour ouvriers.

5.º—Le cours industriel élémentaire était remplacé par un cours d'instruction générale pour ouvriers et l'enseignement cessait d'être divisé, en deux degrés.

Modifications dans divers cours.

6.º—Les autres cours subissaient les modifications suivantes:

a) L'étude du dessin linéaire était transférée du 1.ᵉʳ au 8.ᵉ cours et il y était spécifié l'étude de la stéréotomie;

b) dans le 4.ᵉ cours, on généralisait à toutes les industries l'étude des applications de la chimie qui s'était bornée jusqu'alors, à l'art de la teinturerie et du gaufrage;

c) On incluait dans le neuvième cours, l'enseignement l'économie politique et industrielle, d'histoire générale du commerce, de notions de droit commercial et fiscal et de statistique;

Professeurs.

7.º—Les professeurs passaient à être nommés à vie moyennant concours public, les places de professeurs adjoints en permanence étaient supprimées, étant toutefois autorisée l'admission de professeurs temporaires avec des appointements de 37$500 réis (208ᶠʳ 33 au pair), pour remplacer éventuellement les professeurs temporaires en cas d'absence, ou pour exercer l'enseignement en cas de besoin; le traitement sus-mentionné était alloué aussi aux professeurs titulaires remplissant d'autres charges officielles.

Missions industrielles.

8.º—Pendant les mois d'août et de septembre, les professeurs du 4.ᵉ et 5.ᵉ cours (chimie industrielle et mécanique industrielle) auraient à leur charge des missions industrielles dans les principaux centres industriels du pays où ils devraient tenir des conférences publiques sur les matières faisant partie de leurs cours.

Réduction des dépenses.

9.º—Les prix pécuniaires accordés aux élèves et les dotations affectées aux établissements de l'Institut étaient supprimés.

Ateliers d'instruments de précision.

10.º—Il était créé une place de directeur de l'atelier d'instruments de précision, ce directeur devant être nommé par le gouvernement sur la proposition du conseil de l'école; pour l'entretien et la conservation de cet atelier, outre la dotation réduite y allouée, l'administration de l'Institut était autorisée à y appliquer les recettes de l'exploitation dont le montant, le cas échéant, devrait être versé dans la caisse de l'État.

---

[1] Suivant le rapport ministériel précédant le nouveau décret organique, le cours d'études commerciales devrait être constitué par le nouveau cours établi, pour le 1.ᵉʳ, le 3.ᵉ, le 4.ᵉ, et le 9.ᵉ cours, avec des modifications, et par le 10.ᵉ cours; le cours d'études commerciales ne ferait partie de l'enseignement de l'Institut Industriel de Lisbonne qu'à partir de l'année scolaire 1870-1871 (Voir p. 33).

Modifications de 1870

Les matières du cours de commerce, creé en 1869, passèrent à former deux cours par détermination du décret du 5 août 1870, le ministre des travaux publics étant alors D. Luiz da Camara Leme, pair du royaume, auteur de remarquables écrits militaires et présentement (1899), général de division en retraite. *(Modifications apportées aux cours d'études commerciales en 1870.)*

Les matières formant le premier de ces cours étaient: *(Cours de matières commerciales.)*

a) Comptabilité commerciale théorique, écritures et correspondance commerciales en portugais, en français et en anglais;

b) Exercices pratiques sur arbitrages de change, assurances, traites et factures;

c) Usages du commerce dans les principaux marchés;

Le deuxième de ces cours comprenait:

a) Géographie commerciale, histoire du commerce, éléments de droit commercial et maritime, statistique commerciale;

b) Connaissance pratique des principaux produits naturels et manufacturés du commerce;

c) Exercices pratiques de manipulations au laboratoire de chimie industrielle;[1]

Les matières du premier cours constituaient le *cours élémentaire d'études commerciales.* *(Cours élémentaire d'études commerciales.)*

Le premier et le deuxième cours formaient le *cours complet d'études commerciales.* *(Cours complet d'études commerciales.)*

Les deux cours pouvaient être suivis en un ou en deux ans; pour être admis aux examens, les élèves étaient tenus de produire des certificats délivrés par des établissements officiels d'enseignement, prouvant avoir satisfait à des épreuves sur les matières suivantes: *(Durée du cours d'études commerciales.)*

Pour le cours élémentaire, instruction primaire, calligraphie, langue française et anglaise; *(Études préparatoires.)*

Pour le cours d'études complet, éléments de mathématiques, principes de physique, de chimie et d'histoire naturelle et économie politique.

Aux élèves reçus dans les examens de chacun des cours d'études commerciales et des matières préparatoires il était délivré un diplôme correspondant. *(Diplômes des cours d'études.)*

Le 18 septembre 1872, le gouvernement, sur la proposition du conseil de l'école décréta un nouveau règlement pour l'Institut. *(Règlement de 1872.)*

Le siège de ministre des travaux publics était alors occupé par Antonio Cardoso Avelino, ancien secrétaire de l'Institut, et plus tard procureur général de la couronne.

Le règlement de 1862 contenait diverses dispositions dont on profita pour le règlement de 1888 et dont nous nous occuperons lorsqu'il s'agira

---

(1) Plus tard la dernière partie du deuxième cours de commerce fut insérée dans le cours de chimie industrielle.

de ce dernier. Les autres prescriptions du règlement n'offrent plus d'intérêt aujourd'hui.

Par arrêté du 21 mai 1873, il fut déterminé, conformément à une proposition du directeur de l'Institut, que les élèves du cours de conducteurs de travaux publics fussent admis dans les travaux de l'État pour s'y exercer, et reçussent une subvention de 560 réis ($2^{fr.}78$) pendant tout le temps de leur apprentissage.

MODIFICATIONS DE 1879

Créaotin de trois nouveaux cours en 1879. En 1879, quand était ministre des travaux publics Augusto Saraiva de Carvalho, éminent homme d'État dont la perte prématurée priva la patrie de tout ce qu'elle avait à espérer de son intelligente activité, il fut créé à l'Institut industriel et commercial de Lisbonne les trois cours suivants:

a) Minéralogie et géologie appliquées et éléments de géographie physique; [1]

b Exploitation de mines, métallurgie et principes de législation portugaise concernant les mines;

c) Principes de chimie, de physique et d'histoire naturelle des trois règnes.

Cours de l'Institut. Avec ces nouveaux cours et ceux créés par l'organisation de 1869, modifiée en 1870, l'enseignement de l'Institut Industriel et Commercial de Lisbonne comprenait les cours suivants:

1.er Arithmétique, algèbre, géométrie et trigonométrie;

2.e Géométrie descriptive appliquée à l'industrie, dessin de modèles et de machines, stéréotomie, topographie et levés de plans;

3.e Physique et applications de cette science aux arts, à la télégraphie électrique et aux phares;

4.e Chimie appliquée aux arts et aux manufactures;

5.e Mécanique industrielle et application de cette science à la construction de machines, surtout de machines à vapeur, et mécanique appliquée aux constructions;

6.e Constructions civiles et technologie générale;

7.e Principes de chimie, de physique et d'histoire naturelle des trois règnes;

---

[1] Par arrêté ministériel du 28 octobre 1873, un ingénieur de mines avait été chargé, en commission, de tenir un cours de géologie appliquée, lequel fut supprimé par décret du 30 juillet 1879. Le même décret fit cesser les indemnités qui avaient été allouées par décision du ministre à un conducteur de travaux publics et au secrétaire de l'Institut d'Agriculture, pour remplir les fonctions non prévues dans l'organisation de 1869 de répétiteurs de l'Institut industriel et commercial de Lisbonne; il supprima également des gratifications accordées au professeur de français et d'anglais, pour des leçons supplémentaires; à un conducteur, pour l'exercice de la charge de conservateur du musée de géologie; à un employé de l'atelier d'instruments de précision, pour le service de préparateur du cours de physique, cours pour lequel il en existait déjà un affecté aussi au cours de chimie.

8.e Minéralogie et géologie appliquées et éléments de géographie physique;

9.e Exploitation de mines, métallurgie et principes de législation portugaise concernant l'exploitation de mines;

10.e Dessin linéaire, dessin d'architecture et d'ornement et modelage;

11.e Principes d'économie politique et industrielle, notions de droit commercial et fiscal, statistique et histoire générale du commerce;

12.e Langue française et langue anglaise;

13.e (1.e partie des matières commerciales) comptabilité commerciale, théorie et pratique, écritures et correspondance commerciales en portugais, en français et en anglais, exercices pratiques sur les arbitrages de change, les assurances, les traites et les factures, usages des principales places de commerce;

14.e (2.e partie des matières concernant le commerce) géographie commerciale, histoire du commerce, statistique commerciale; connaissance pratique des principaux produits naturels et manufacturés du commerce, exercices et manipulations dans le laboratoire de chimie industrielle.

Avec les trois nouveaux cours et ceux existant déjà, il était organisé un cours d'études pour conducteurs de mines.

Le gouvernement pouvait classer comme directeur technique de mines tout individu ayant complété le cours dont il s'agit et servi d'une manière satisfaisante, pendant deux ans consécutifs ou comme conducteur en commission officielle ou comme employé dans l'exploitation de mines concédées.

Ne pouvaient être candidats, dans les concours, aux places de professeurs du 8.e et du 9.e cours, que les ingénieurs de mines et, du 7.e cours, que les individus ayant été reçus dans les examens de physique, de chimie, de minéralogie, de botanique et de zoologie à l'Université de Coïmbre ou dans tout autre établissement d'enseignement supérieur du pays.

Le gouvernement, toutefois, avait la faculté de nommer les premiers professeurs indépendamment de concours, son choix retombant en des individus satisfaisant aux conditions requises. [1]

En cas d'absence, les professeurs du 8.e et du 9.e cours devaient se remplacer l'un l'autre, l'indemnité allouée au professeur adjoint par l'organisation de 1869 étant acquise au remplaçant; si les professeurs des deux cours étaient empêchés, en même temps, de comparaître ou si le professeur du 7.e cours était absent, on devait avoir recours à des professeurs adjoints aux termes de l'organisation précitée.

Chacun des nouveaux cours devait avoir les collections d'exemplaires, de modèles et de dessins nécessaires à l'enseignement matériel dont étaient

---

[1] Malgré l'autorisation accordée par le décret de 1879, le gouvernement ouvrit un concours documental devant le conseil scolaire de l'Institut industriel et commercial de Lisbonne, pour la nomination des nouveaux professeurs, mais, dans celle-ci, il ne fut pas tenu compte de la classification obtenue par les candidats.

responsables les professeurs. Pour les dépenses inhérentes à ces collections, la somme affectée, dans le budget de l'État, à l'acquisition de matériel pour les écoles, était augmentée de 900$000 réis (5.000 francs au pair).

Le gouvernement était autorisé à nommer un conducteur de travaux publics pour seconder les professeurs des nouveaux cours dans l'étude, le classement et la préparation de chacune des collections.

Pour cette commission, il serait attribué, en dehors des apointements, une indemnité égale à celle allouée aux conducteurs chefs de travaux.

Ci-dessous, sont indiquées les matières constituant les divers cours d'études industrielles, suivant le décret du 30 décembre 1869 et les modifications postérieures. (Voir la liste des différentes matières professées, page 34).

Étude pour les professeurs des nouveaux cours.

Organisation des cours industriels.

Connaissances générales pour artisans.

COURS D'INSTRUCTION GÉNÉRALE POUR OUVRIERS

1.ᵉʳ cours (trigonométrie non comprise), 3.ᵉ, physique générale et applications aux arts; 4.ᵉ, notions générales de chimie; 5.ᵉ, éléments généraux de mécanique; 10.ᵉ, dessin linéaire; 12.ᵉ cours, langue française; durée, 2 ans.

Directeurs d'usines, chefs de travaux et contremaîtres.

COURS D'ÉTUDES POUR DIRECTEURS D'USINES OU D'ATELIERS, CHEFS DE TRAVAUX ET CONTREMAÎTRES

1.ᵉʳ cours, 2.ᵉ, géométrie descriptive appliquée à l'industrie, dessin de modèles et de machines; 3.ᵉ, physique générale et application de cette science aux arts; 4.ᵉ, principes généraux de chimie appliquée aux arts; 5.ᵉ, éléments généraux de mécanique industrielle et application de cette science à la construction de machines, surtout de machines à vapeur; 10.ᵉ, dessin linéaire; 11.ᵉ économie politique, et 12.ᵉ cours; durée, 3 ans.

Conducteurs de travaux publics.

COURS D'ÉTUDES POUR CONDUCTEURS DE TRAVAUX PUBLICS

1.ᵉʳ cours, 2.ᵉ, 3.ᵉ, physique générale et applications de cette science; 4.ᵉ, chimie et exercices de manipulations du laboratoire; 5.ᵉ, (construction de machines exceptée); 6.ᵉ, constructions civiles; 8.ᵉ, minéralogie et géologie; 10.ᵉ, (modelage non compris); et 12.ᵉ cours, langue française; durée 3 ans.

Conducteurs de mines.

COURS DE CONDUCTEURS DE MINES

1.ᵉʳ cours, 2.ᵉ, géométrie descriptive, dessin de machines, topographie et dessins topographiques; 3.ᵉ, physique générale; 4.ᵉ, chimie et exercices de manipulations au laboratoire; 5.ᵉ, mécanique; 6.ᵉ, constructions civiles; 7.ᵉ, 8.ᵉ, 9.ᵉ, et 10.ᵉ, dessin linéaire et dessin d'ornement; 11.ᵉ, économie politique et 12.ᵉ cours, langue française ou anglaise; durée, 3 ans.

Cours d'études pour mécanicien et chauffeur

1.er cours (la trigonométrie non comprise); 2.e, géométrie descriptive appliquée à l'industrie; 3.e, physique générale et applications de celle-ci aux arts; 5.e, (excepté la partie concernant les constructions); 10.e, dessin linéaire et 12.e cours, langue française ; durée 2 ans.

Cours d'études pour personnel de télégraphes et de phares

1.er cours (non compris la trigonométrie); 3.e, physique générale, télégraphes et phares; 10.e, dessin linéaire, et 12.e, langue française ; durée 1 an.

Cours d'études pour charpentiers architectes

1.er cours, (trigonométrie exceptée); 2.e, (non compris dessin de modèles et de machines); 3.e, physique générale et applications de celle-ci aux arts; 5.e, (la partie concernant la construction de machines exclue); 6.e, 10.e (excepté le modelage) et 12.e cours ; durée 3 ans.

Cours d'études pour contremaîtres chimistes et teinturiers

1.er cours (la trigonométrie non comprise); 3.e, physique générale et application de cette science aux arts; 4.e, (y compris la teinturerie le gaufrage et les manipulations au laboratoire); 10.e, dessin linéaire et dessin d'ornement; 11.e, économie politique et législation industrielle et 12.e cours; durée 3 ans.

Cours d'études pour constructeurs d'instruments de précision

1.er cours, 2.e, (excepté la stéréotomie, la topographie et les dessins topographiques); 3.e 4.e, (y compris la pratique de manipulations au laboratoire et excepté la chimie appliquée aux manufactures; 5.e, notions générales de mécanique industrielle; 10.e, dessin linéaire; 11.e, économie politique et législation industrielle, et 12.e cours ; durée 3 ans.

Tous ces cours, sauf celui d'instruction générale pour ouvriers, avaient été créés en 1864, organisés en 1856, et, excepté celui de conducteurs de mines, confirmés en 1869. Dans cette dernière année, le cours d'instruction générale pour ouvriers vint remplacer le cours industriel élémentaire de 1864, qui n'avait été organisé aussi qu'en 1866.

Le cours de conducteur de mines, supprimé en 1869, fut rétabli en 1879.

Modifications de 1880

Par décret du 1.er octobre 1880, le gouvernement, approuvant les conclusions du rapport présenté par le conseil scolaire de l'Institut détermina ce qui suit :

Nouvelles matières ajoutées au cours d'études commerciales.

1.º, qu'il fût inséré dans le cours complet d'études commerciales, la physique générale et les applications de cette science, la chimie appliquée aux arts, les principes d'économie politique et industrielle et la statistique industrielle;

Études préparatoires.

2.º que l'on exigeât, comme études préparatoires, pour le cours complet de commerce: l'instruction primaire, la calligraphie, le portugais, la géographie et l'histoire élémentaires, le français et l'anglais, les épreuves sur ces matières pouvant être passées, soit à l'Institut, soit dans un autre établissement d'instruction publique, sauf par rapport aux examens d'instruction primaire et de portugais pour lesquels un certificat d'un lycée national devrait être exigé;

Programme du cours comple d'études commerciales.

3.º que le conseil de l'école, en conformité des dispositions précédentes, préparât le programme de ce cours d'études et le soumît à l'approbation du gouvernement.

De cette manière, le cours complet de commerce, avec la durée de deux ans, comprit les études suivantes:

1.ᵉ année, 3.ᵉ cours et 13.ᵉ cours, 1.ᵉʳᵉ partie des matières commerciales); 2.ᵉ année, 4.ᵉ cours, chimie appliquée aux arts, connaissance pratique des principaux produits naturels et manufacturés, exercices de manipulations au laboratoire, 11.ᵉ cours et 14.ᵉ (2.ᵉ partie des matières commerciales).

Insuffisance de l'enseignement commercial à Lisbonne.

L'organisation de l'enseignement commercial à Lisbonne, même avec l'accroissement qui vient d'être indiqué, était encore loin de satisfaire à ce qu'il y a lieu d'exiger de ceux qui exercent une des professions les plus importantes d'un pays.

Propagande du professeur Rodrigo Affonso equito.

L'éminent professeur titulaire du cours de comptabilité de l'Institut de Lisbonne, Rodrigo Affonso Pequito, qui avait satisfait brillamment aux épreuves publiques du concours en décembre 1870, débutant dans le professorat à l'âge de 21 ans, cas peu fréquent sinon le seul en Portugal, initia, peu de temps après, une active propagande pour qu'il fût donné une organisation convenable à l'enseignement commercial.

Cette utile propagande qu'il soutint dans la presse, dans la section d'enseignement commercial, de la société de géographie de Lisbonne, et dans diverses publications, obtint le puissant appui d'une des plus importantes corporations commerciales du pays.

Exposition adressée au gouvernement par l'association commerciale de Lisbonne.

En effet, le 22 décembre 1882, l'Association Commerciale de Lisbonne adressa au gouvernement une exposition soutenant l'utilité de réorganiser sur un plan plus vaste l'enseignement commercial de l'Institut de Lisbonne, en adoptant les idées présentées dans deux publications de l'éminent professeur Rodrigo Affonso Pequito. [1]

Récompense et Musée pour les cours d'études commerciales.

L'Association Commerciale s'y engageait à recueillir des spécimens pour organiser le musée du cours où l'on s'occuperait de l'étude des

---

[1] *L'enseignement commercial en Portugal. — Renseignements. — Lisbonne, 1878; Do ensino commercial, projecto apresentado á Sociedade de Geographia de Lisboa em sessão de 12 de agosto de 1879. (De l'enseignement commercial projet présente à la Société de Géographie de Lisbonne dans la séance du 12 août 1878). — Lisboa, 1879.*

produits de commerce; elle s'obligeait en outre à établir trois prix annuels, dont un de 300$000 (1.666 fr. 67) et un autre de 200$000 (1.111 fr. 11) pour les deux élèves qui achèveraient le cours supérieur d'études commerciales avec la meilleure classification, et un troisième de 100$000 réis pour celui des élèves complétant le cours élémentaire qui serait classé n.° 1.

L'initiative de l'Association Commerciale ayant mérité l'approbation du gouvernement, le ministre des travaux publics d'alors, le pair du royaume, Ernesto Rodolpho Hintze Ribeiro, aujourd'hui, membre du conseil d'État et juge de la haute cour administrative, présenta à la chambre des députés, en février 1883, une proposition pour la réorganisation de l'enseignement commercial à l'Institut Industriel de Lisbonne sur les bases proposées. Projet de loi de 1883.

Cette proposition fut approuvée, après avoir été convertie en projet de loi, par la commission du commerce et des arts ayant comme rapporteur le professeur Rodrigo Affonso Pequito, alors député, qui fit ressortir les avantages du nouveau plan d'études commerciales dans un brillant et intéressant rapport.

Le projet passa ensuite à la chambre des pairs où, l'année suivante, il fut adopté et transformé en loi.

Il va être donné les dispositions principales de cette loi dans le chapitre suivant.

CHAPITRE II

Réorganisation de l'enseignement commercial en 1884

Cours élémentaire et cours supérieur de commerce

La loi du 6 mars 1884 établit une nouvelle organisation pour l'enseignement commercial à l'Institut industriel et commercial de Lisbonne.

Il y avait alors, comme ministre des travaux publics, l'ancien directeur de l'Institut, éminent homme de science qui était professeur de cet établissement; professeur de l'École polytechnique de Lisbonne; membre de l'Académie Royale des Sciences de Lisbonne et de diverses sociétés savantes, surtout de celles qui s'occupaient de chimie, science que le feu professeur cultivait avec éclat.

L'objet du nouveau plan d'études était de donner une instruction complète, avec toutes les connaissances spéciales et indispensables à ceux qui voulaient devenir négociants, banquiers, administrateurs, directeurs, comptables et employés d'établissements industriels et commerciaux ou obtenir des places dans certaines administrations de l'État.

L'enseignement commercial était divisé en deux cours d'études, *le cours élémentaire de commerce et le cours supérieur de commerce*.

Le cours supérieur d'études, qui durait quatre ans, était composé des matières correspondant aux cours ci-dessous indiqués.

1.ᵉʳ Cours, comptabilité générale et opérations commerciales:

a) partie théorique, notions générales de commerce, institutions commerciales, calcul commercial, changes, arbitrages, contrats et opérations de commerce et de banque, comptabilité commerciale et applications de celle-ci, comptabilité publique;

b) partie pratique.

2.ᵉ Opérations financières:

a) partie théorique, intérêts composés, annuités, calcul de probabilités, assurances de vie, rentes viagères, caisse d'épargne, monts-de-piété, opérations de bourse, fonds publics et particuliers:

b) partie pratique.

3.e Physique générale et ses applications.

4.e Chimie industrielle:

a) partie théorique;

c) partie pratique.

5.e Technologie générale : [1]

a) partie théorique, étude des principaux produits naturels et manufacturés du commerce, législation des douanes, traités de commerce ;

b) partie pratique.

6.e Géographie commerciale et histoire du commerce, communications terrestres et maritimes, colonies, régime colonial, émigration et colonisation.

7.e Économie politique, législation industrielle, privilèges d'invention, marques de fabrique et de commerce, statistique générale.

8.e Droit commercial et maritime, notions générales de droit civil et administratif, droit international, législation consulaire.

Enseignement pratique. Il était prescrit que l'enseignement pratique aurait lieu : pour le premier et le 2.e cours, au *bureau de commerce;* pour le 4.e, au *laboratoire de chimie* où les élèves s'exerçaient dans les manipulations indispensables à l'appréciation des divers produits, dans les analyses des essais et dans la reconnaissance de falsificat.ons; pour le 5.e cours, au *musée de marchandises* à l'aide de collections de spécimens permettant la connaissance des matières premières et des produits manufacturés et, er core, dans *des visites* aux fabriques, aux magasins, aux bâtiments de douanè et aux navires.

Bureau de commerce. Au bureau de commerce, suivant le programme, on devait s'occuper d'exemples de transactions en marchandises et d'opérations de banque, ayant égard aux usages et coutumes des principaux marchés de commerce et d'exercices pratiques de comptabilité et de correspondance appliqués à ces exemples ; la direction du travail était confiée au professeur du cours de comptabilité générale, les élèves étant dirigés dans leurs exercices par un comptable ou un professeur adjoint. Le professeur d'opérations financières et celui du cours de langues étaient tenus d'assister aux études du bureau de commerce, le premier toutes les fois qu'il s'agirait de questions concernant son cours, le second pendant tout le temps consacré à la correspondance en français et en anglais, devant toujours parler aux élèves dans la langue choisie pour l'exercice.

Il incombait au conseil de l'école de fixer la durée annuelle des exercices du bureau tout en ne perdant pas de vue l'utilité de les prolonger le plus possible.

Cours élémentaire de commerce. Le cours élémentaire dont la durée était de deux ans comprenait une partie des matières du 1.er cours, l'enseignement pratique du 5.e cours et les exerc ces du bureau de commerce.

Présence obligatoire dans les cours. Pour être admis aux épreuves finales, il fallait avoir suivi les cours, sauf pour le 3.e et le 4.e cours où la présence du candidat pouvait être dispensée.

---

[1] Dans la collection de la législation portugaise, pour l'année 1884, il y est indiqué, par faute d'imprimerie, *technologie rurale* au lieu de *technologie générale.*

Pour l'inscription dans les deux cours, laquelle était gratuite, on exigeait des élèves réguliers d'avoir été reçus dans les examens suivants passés dans un établissement officiel d'instruction : *Conditions pour l'inscription dans les cours.*

Pour le *cours élémentaire*, instruction primaire, écriture, arithmétique et principes d'algèbre, et langue française ou anglaise :

Pour le *cours supérieur*, instruction primaire, calligraphie, portugais, principes de mathématiques, éléments d'histoire et de géographie, notions élémentaires de physique, de chimie et d'histoire naturelle des trois règnes, dessin linéaire, et langues française et anglaise.

Les élèves du *cours supérieur d'études* étaient dits réguliers quand ils fréquentaient les classes suivant l'ordre réglementaire ; ceux auxquels il manquait quelque étude préparatoire ou qui suivaient les cours sans observer l'ordre établi s'appelaient élèves libres.

Dans le cours élémentaire d'études il était permis de s'inscrire comme élève libre et de prendre part aux exercices pratiques, mais sans pouvoir se présenter aux épreuves finales.

Il était décerné les prix institués par l'Association Commerciale de Lisbonne, (voir pag. 38) aux premiers classés des élèves achevant les cours d'études. *Prix.*

Les élèves reçus dans tous les examens des études préparatoires et des matières composant leurs cours et, en outre, dans la langue allemande, pour le cours supérieur auraient droit à un diplôme général délivré moyennant le versement d'une somme acquise à l'État de 40$000 réis (222^{fr}22 pour le diplôme du cours supérieur d'études de commerce, et de 5$000 réis (27^{fr}77) pour celui du cours élémentaire. *Diplômes des cours d'études.*

D'après la loi, le diplôme du cours supérieur d'études de commerce serait considéré, sous tous les rapports, comme un titre de capacité suffisant pour obtenir toute charge de l'État dans les administrations des postes et des douanes, dans les bureaux de comptabibilité et de statistique, dans les ministères et dans leurs dépendances et pour concourir aux places de chef de service au ministère des affaires étrangères de secrétaire de deuxième classe pour les légations et de consul de première classe. *Avantages du cours supérieur d'études de commerce.*

Il était alloué aux professeurs des trois nouveaux cours (2.e, 3.e et 6.e) le même traitement qu'aux autres professeurs de l'Institut. *Nouveau personnel.*

L'agent comptable ou le professeur adjoint touchait 660$000 réis (3.666^{f}66) par an, et le professeur de langues une indemnité de réis 100$000 (555^{fr}55), annuelle aussi, pour l'augmentation de son travail dans les exercices du bureau de commerce.

Pour le 5.e cours et le musée de produits de commerce il était créé une place de démonstrateur avec des apointements de 300$000 réis (666^{fr}66) par an.

Le personnel subalterne était augmenté d'un surveillant.

Pour couvrir les frais du nouveau musée, la somme appliquée à l'acquisition de matériel d'enseignement était augmentée de 100$000 réis; le montant affecté aux expériences et aux démonstrations subissait la même augmentation pour faire face aux fournitures nécessaires au bureau de commerce.

Le conseil de l'École était chargé de préparer et de soumettre à l'approbation du gouvernement un projet de règlement pour l'éxecution de la loi du 6 mars 1884. [1]

Il était réservé au gouvernement la faculté de codifier toutes les dispositions en vigueur, concernant l'enseignement professé à l'Institut industriel et commercial de Lisbonne et, sur la proposition du conseil de l'école, d'apporter dans les divers cours et dans la distribution des fonds appliqués aux services de l'Institut toutes les modifications qui seraient jugées utiles pour les études.

La loi de 1884 organisa l'enseignement commercial sur un plan plus profitable et plus ample, l'élevant presque au même niveau que dans les meilleures écoles de commerce de l'étranger et faisant honneur aux hommes d'État distingués, qui créèrent cette loi et surtout à l'éminent professeur Rodrigo Affonso Pequito, celui qui contribua le plus, par son initiative et son intelligente activité à ce grand progrès dans l'instruction.

Peu de temps après, en 1886, l'enseignement industriel reçut également une remarquable et utile impulsion grâce aux efforts de l'illustre ministre des travaux publics de cette époque le conseiller Emygdio Navarro, secondé par le directeur général de la division du commerce et de l'industrie le conseiller Ernesto Madeira Pinto.

La réforme de l'enseignement décrétée alors, réglementée en 1888, et légèrement modifiée en 1890, se trouve décrite dans le chapitre suivant.

---

[1] Le conseil rédigea des instructions pour l'exécution du plan d'enseignement établi en 1884 sans toutefois les publier sous la forme de règlement.

CHAPITRE III

Organisation de 1886 et modification de 1890

Bases générales

Par décret du 3o décembre 1886, le gouvernement, auquel apparte- Plan de réorganisa-
tion des études en
1886. nait comme ministre des travaux publics le conseiller Emygdio Navarro, qui occupe une place brillante dans le journalisme et au parlement, approuva un nouveau plan d'enseignement industriel et commercial, usant des facultés accordées par le décret organique de 1862 et de 1869 et par la loi du 6 mars 1884.

Le 23 septembre 1867, il fut déterminé qu'aux Instituts de Lisbonne et de Porto on mît à exécution les instructions concernant la nouvelle organisation des études en attendant le règlement définitif de ces établissements qui fut décrété en 1888.

Le décret organique de 1886 et ses dispositions réglementaires représentent un avancement si remarquable dans l'enseignement professionnel qu'il convient d'en donner ici tous les détails.

Suivant la nouvelle organisation, l'enseignement aurait lieu à l'In- Établissements d'in-
struction. stitut industriel et commercial de Lisbonne, à l'Institut industriel et commercial de Porto [1], dans les écoles industrielles et, comme dépendances, dans les établissaments indiqués ci après où l'on s'exerçait au travail manuel.

L'enseignement industriel était classé en élémentaire, en prépara- Divisions de l'ensei-
gnement industriel. toire et en secondaire.

L'enseignement élémentaire avait pour objet de fournir aux artisans des connaissances utiles, soit communes à tous les arts et métiers, soit applicables à certaines manufactures en particulier.

---

[1] Il était établi à l'Institut de Porto le cours élémentaire et secondaire d'études commerciales, cet établissement prenant pour ce fait le nom d'Institut industriel et commercial de Porto. Le cours supérieur d'études commerciales n'était professé qu'à l'Institut industriel et commercial de Lisbonne.

L'enseignement *préparatoire* comprenait l'instruction indispensable à ceux qui voulaient suivre quelque cours spécial.

L'enseignement *secondaire spécial* servait à former du personnel technique pour certaines spécialités d'industrie ou pour certains services de l'État.

Catégories d ensei-
gnement commercial. L'enseignement commercial était divisé en enseignement *élémentaire, préparatoire, secondaire spécial et supérieur*.

L'enseignement élémentaire se bornait à des notions générales sur les opérations de commerce et la comptabilité commerciale

A l'enseignement *préparatoire,* correspondaient les études préparatoires exigées de ceux qui voulaient suivre le cours secondaire et supérieur ou les cours spéciaux d'études commerciales.

L'enseignement secondaire spécial et supérieur servait à préparer des individus aptes pour devenir agents comptables, négociantes, banquiers, employés supérieurs des établissements commerciaux et industriels et et pour occuper certaines places dans les administrations de l'État.

Enseignement théo-
rique et enseignement
pratique. L'enseignement comprenait une partie théorique et une partie pratique.

La première correspondait aux études des divers cours de l'Institut. [1]

L'enseignement industriel pratique avait lieu :

a) dans les salles d'études, les cabinets, les écoles pratiques et les laboratoires dépendants de l'Institut ;

b) dans les ateliers appartenant l'Institut, dans les usines de l'État et dans les fabriques et autres établissements industriels de particuliers moyennant entente préalable entre ceux-ci et le gouvernement ;

c) dans les services des travaux publics sur le terrain, dans l'exploitation de mines, dans les installations dépendantes de la direction générale des postes, des télégraahes et des phares, et dans des visites aux établissements industriels publics et particuliers.

Les élèves recevaient l'enseignement pratique dans les bureaux, les salles d'études, les musées et les laboratoires des Instituts et dans des visites aux manufactures, aux magasins, aux douanes et à d'autres établissements publics et particuliers.

Comité d'instruction
commerciale. Pour remplacer l'ancien comité de perfectionnement, il était créé un comité d'instruction industrielle et commerciale ayant pour mission d'émettre son avis sur les questions concernant l'instruction industrielle et commerciale toutes les fois que le demanderait le gouvernement.

Le comité était composé du ministre des travaux publics, président, du directeur général de la Division du Commerce et de l'Industrie vice-président, du chef du Bureau de l'Industrie, secrétaire, du directeur de l'Institut industriel et commercial de Lisbonne, de l'inspecteur des Éco-

---

[1] Il n'est question ici que de l'enseignement des Instituts et en particulier de celui de Lisbonne, des mémoires spéciaux étant écrits pour ce qui concerne les autres établissements d'instruction publique.

les industrielles de la circonscription du sud et de quatre individus compétents choisis par le gouvernement.

Les membres de ce comité exerçaient leurs fonctions gratuitement.

MATIÈRES ENSEIGNÉES ET COMPOSITION DES COURS D'ÉTUDES

A l'Institut industriel et commercial de Lisbonne il y avait les cours suivants : *Cours professés à l'Institut.*

1.er Éléments de mathématiques ;

2.e Éléments de physique, de chimie et d'électrotechnie ;

3.e Éléments de mécanique ;

4.e Arithmétique, algèbre et géométrie synthétique ;

5.e (1.ere partie) géométrie descriptive et stéréotomie (2.e partie), topographie ;

6.e (1.ere partie). Trigonométrie plane, (2.e partie) principes de géométrie analytique, d'algèbre supérieure et de calcul infinitésimal ;

4.e Physique générale et application de cette science à l'industrie ;

8.e Électrotechnie, télégraphie et autres applications de l'électricité ;

9.e Chimie minérale et organique et analyse chimique ;

10.e Technologie chimique, céramique, teinturerie, gaufrage et autres applications de la chimie.

11.e Principes de zoologie et de botanique, hygiène dans les industries et les constructions ;

12.e Mécanique générale et application de celle-ci aux machines ;

13.e (1.ere partie) matériaux et procédés généraux de construction, (2.e partie) résistance des matériaux et stabilité des constructions, (3.e partie) bâtiments, hydraulique urbaine ;

14.e (1.ere partie). Chaussées et chemins de fer, ponts, législation des travaux publics, (2.e partie). Rivières et canaux, ports, hydraulique agricole ;

15.e Minéralogie et géognosie, géologie ;

16.e (1.ere partie). Exploitation de mines, législation des mines, (2.e partie) métallurgie ;

17.e (1.ere partie) Dessin linéaire et dessin d'ornement, (2.e partie) dessin de figure et de paysage d'après nature, (4.e partie) modelage ;

18.e (1.ere partie) Dessin de machines, (2.e partie), construction de pièces elémentaires des machines et technologie de celles-ci ;

19.e (1.ere partie) Dessin d'architecture, (2.e partie), dessin topographique, coupes et plans de mines ;

20.e (1.ere partie) Géographie générale et éléments d'histoire, (2.e partie), géographie et histoire commerciale ;

21.e Économie politique et principes de droit administratif, législation industrielle ;

22.e Comptabilité générale et opérations de commerce ; [1]

---

[1] La partie des matières du 22.e cours faisant partie du cours d'études élémentaires de commerce étaient enseignée par le comptable.

23.ᵉ Langue française ;

24.ᵉ Langue anglaise ;

25.ᵉ Langue allemande ;

26.ᵉ (1.ᵉ partie) matières premières d'origine minérale et organique, transformations de celles-ci et technologie y relative, caractères physiques et chimiques et valeur commerciale de ces produits, falsifications et procédés pratiques pour les reconnaître, (2.ᵉ partie) classification générale des marchandises, législation des douanes ;

27.ᵉ Droit commercial et maritime, principes de droit international et législation consulaire ;

28.ᵉ Opérations financières.

Le gouvernement était autorisé à modifier les programmes des deux cours suivant ce que conseillerait l'enseignement.

Ci-dessous, est indiquée l'organisation des divers cours d'études. [1]

Cours d'études industrielles

Cours élémentaires d'études.

a) *Cours élémentaires d'études* pour :

Ouvrier chimiste.

1.º *Ouvrier chimiste,* 1ᵉʳ 2.ᵉ, 3.ᵉ et 17.ᵉ cours et travail manuel dans les ateliers et les laboratoires pendant trois ans au moins ;

Ouvrier mécanicien.

2.º *Ouvrier mécanicien,* les mêmes cours que pour le premier, et plus le 18.ᵉ cours (1.ᵉʳᵉ partie) et travail manuel pendant trois ans au moins ;

Ouvrier constructeur.

3.º *Ouvrier constructeur,* le même cours que pour le premier, et plus le 18.ᵉ cours (1.ᵉʳᵉ partie) et travail manuel dans les ateliers durant trois ans au moins.

Cours secondaires d'études.

b) *Cours secondaires d'études* pour :

Contremaître d'arts chimiques.

1.º *Contremaître d'arts chimiques,* 4.ᵉ, 7.ᵉ, 9.ᵉ, 10.ᵉ, 23.ᵉ et 26.ᵉ (1.ᵉʳᵉ partie) cours de travaux pratiques relatifs au 7.ᵉ, au 9.ᵉ, au 10.ᵉ et au 26.ᵉ cours dans les cabinets, les laboratoires et les ateliers; exercices du 4.ᵉ cours dans les salles d'études, visites aux usines et aux établissements industriels et, comme études préparatoires, le cours d'ouvrier chimiste, durée trois ans ;

Contremaître mécanicien.

2.º *Contremaître mécanicien,* 4.ᵉ, 5.ᵉ (1.ᵉ partie), 7.ᵉ, 9.ᵉ, 11.ᵉ, 18.ᵉ (2.ᵉ partie) et 23.ᵉ cours, travaux pratiques relatifs au 7.ᵉ et au 9.ᵉ cours, dans le cabinet de physique et le laboratoire de chimie, exercices du 4.ᵉ cours, dans les salles d'études, travail manuel dans les ateliers de serru-

---

Cours d'études préparatoires.

[1] A l'Institut, outre les cours d'études de commerce et d'industrie, il y avait un cours d'études préparatoires exigé pour l'inscription dans les cours spéciaux de ces deux branches d'enseignement et, dans le cours secondaire et le supérieur d'études de commerce.

Ce cours d'études préparatoires se composait du 4.ᵉ cours, du 17.ᵉ (1.ᵉ partie), du 20 cours (1.ᵉ partie), du 22.ᵉ et d'exercices du 4.ᵉ cours dans les salles d'études.

rerie, de charpenterie et de construction de machines, et, comme études préparatoires, le cours d'ouvrier mécanicien, durée trois ans;

3.° *Charpentier architecte*, 4.ᵉ, 5.ᵉ, 6.ᵉ (1.ᵉ partie) 7.ᵉ, 9.ᵉ, 11.ᵉ, 13.ᵉ (1.ᵉ et 4.ᵉ parties), 19.ᵉ (2.ᵉ partie) et 23.ᵉ cours, travaux pratiques du 7.ᵉ cours, du 9.ᵉ et du 13.ᵉ (1.ᵉ et 3.ᵉ partie) dans les cabinets et les laboratoires y appartenant, exercices du 4.ᵉ cours et du 6.ᵉ (1.ᵉ partie) dans les salles d'études, travail manuel dans les ateliers de serrurerie, de charpenterie et de confection de modèles de construction, visites à des établissements industriels et à des bâtisses en construction, et, comme études préparatoires, le cours d'ouvrier constructeur, durée trois ans.

c) Cours spéciaux d'études pour :

1.° *Conducteur de travaux publics*, 5.ᵉ cours, 6.ᵉ, 7.ᵉ, 9.ᵉ, 11.ᵉ, 12.ᵉ 13.ᵉ, 14.ᵉ, 15.ᵉ, 17.ᵉ (2.ᵉ partie), 18.ᵉ (1.ᵉ partie) 19.ᵉ, 21.ᵉ et 24.ᵉ cours ou 25.ᵉ au choix de l'élève, travaux pratiques, relatifs au 7.ᵉ, au 9.ᵉ, au 13.ᵉ et au 5.ᵉ cours dans les cabinets et les laboratoires annexes; exercices du 5.ᵉ, du 6.ᵉ, du 12.ᵉ et du 14.ᵉ cours dans les salles d'études, travaux sur le terrain, visites à des établissements industriels et à des travaux de construction, excursions pour études géologiques, missions pour travaux publics, durée 4 ans;

2.° *Conducteur de mines*, 5.ᵉ, 6.ᵉ, 7.ᵉ, 9.ᵉ, 11.ᵉ, 12.ᵉ, 13.ᵉ 14.ᵉ (1.ᵉ partie) 15.ᵉ, 16.ᵉ, 17.ᵉ (2.ᵉ partie), 18.ᵉ (1.ᵉ partie), 19.ᵉ 21.ᵉ, 24.ᵉ ou 25.ᵉ, travaux pratiques relatifs au 7.ᵉ, au 9.ᵉ, au 13.ᵉ, au 15.ᵉ et au 16.ᵉ cours, dans les cabinets et laboratoires y appartenant, exercices du 5.ᵉ cours, du 6.ᵉ, du 12.ᵉ, du 13.ᵉ, du 14. (1.ᵉʳᵉ partie), du 15.ᵉ et du 16.ᵉ dans les salles d'études, travaux sur le terrain, visite à des travaux de construction, à des mines, à des établissements métallurgiques et industriels, excursions géologiques, missions dans des travaux publics et des mines, durée 4 ans;

3.° *Directeur d'usine*, (travail mécanique), 6.ᵉ cours, 7.ᵉ, 8.ᵉ, 9.ᵉ, 11.ᵉ, 12.ᵉ, 13.ᵉ, (1.ᵉ et 2.ᵉ partie), 15.ᵉ, 17.ᵉ, (2.ᵉ et 3.ᵉ partie), 18.ᵉ, 21.ᵉ, 22.ᵉ et 24.ᵉ ou 25.ᵉ, travaux pratiques du 7.ᵉ, du 9.ᵉ, du 13.ᵉ, du 15.ᵉ et du 18.ᵉ cours, dans les cabinets, les laboratoires et les ateliers annexes, exercices concernant le 5.ᵉ, le 12.ᵉ, le 13.ᵉ, le 15.ᵉ et le 18.ᵉ cours dans les salles d'études, partie pratique du 22.ᵉ cours au bureau de commerce, travaux (topographiques) sur le terrain, visites à des travaux de construction et à des établissements industriels, excursions pour études géologiques, durée 4 ans;

4.° *Directeur d'usine* (préparations chimiques), les mêmes cours que pour le cas d'usine à travail mécanique, moins le 13.ᵉ et le 18.ᵉ cours, et plus le 10.ᵉ cours et le 26.ᵉ (1.ᵉʳᵉ partie), travaux pratiques dans les cabinets, les laboratoires et les ateliers, et excursions comme pour le cours d'études précédent, sauf en ce qui concerne les matières des cours retranchées de celui-ci ou y ajoutées; visite aux fabriques et aux établissements industriels, durée 4 ans;

Constructeur de machines et d'instruments de précision.

5.º *Constructeur de machines et d'instruments de précision*, les mêmes matières que pour le cours de directeur d'usine à travail mécanique, moins le 21.ᵉ et le 22.ᵉ cours et les visites et les exercices pratiques dépendant de ce dernier, travail manuel dans les ateliers de charpenterie et de serrurerie;

Personnel des postes et des télégraphes.

6.º *Personnel des postes et des télégraphes* [1], 5.ᵉ cours (2.ᵉ partie), 6.ᵉ 7.ᵉ, 8.ᵉ, 9.ᵉ, 12.ᵉ, 20.ᵉ cours (2.ᵉ partie), 24.ᵉ et 25.ᵉ cours, études pratiques du 7.ᵉ et du 9.ᵉ cours dans les cabinets et les laboratoires subsidiaires et à l'école pratique de télégraphie, exercices du 6.ᵉ et du 12.ᵉ cours dans les salles d'études, travaux pratiques de topographie, apprentissage dans les bureaux dépendants de la direction générale des postes, des télégraphes et des phares, durée 3 ans.

Dessinateur.

7.º *Dessinateur*, 5.ᵉ cours, 6.ᵉ cours (1.ᵉʳᵉ partie), 7.ᵉ, 17.ᵉ cours (2.ᵉ et 3.ᵉ partie), 18.ᵉ cours (1.ᵉʳᵉ partie) et 19.ᵉ cours (1.ᵉʳᵉ et 2.ᵉ partie), exercices du 5.ᵉ et du 6.ᵉ cours dans les salles d'études, travaux de topographie, d'études pratiques du 7.ᵉ cours dans le laboratoire.

Cours d'études de commerce

Cours élémentaire.

a) *Cours élémentaire d'études de commerce:*

1.ᵉʳ, 2.ᵉ, 22.ᵉ et 23.ᵉ cours; exercices pratiques de comptabilité commerciale au bureau de commerce.

Cours secondaire.

b) *Cours secondaire d'études de commerce:*

7.ᵉ cours, 9.ᵉ, 20.ᵉ cours (2.ᵉ partie), 21.ᵉ, 22.ᵉ, 24.ᵉ et 25.ᵉ cours; travaux pratiques du 7.ᵉ cours au cabinet de physique et du 9.ᵉ cours au laboratoire de chimie; exercices pratiques du 22.ᵉ cours du bureau de commerce, durée deux ans.

Cours spéciaux.

c) *Cours spéciaux d'études* pour:

Consul.

1.º *Consul*, 7.ᵉ, 9.ᵉ, 11.ᵉ, 15.ᵉ et 17.ᵉ cours (2.ᵉ partie), 20.ᵉ cours (2.ᵉ partie), 21.ᵉ, 22.ᵉ, 24.ᵉ, 26.ᵉ et 27.ᵉ cours, travaux pratiques du 7.ᵉ, du 9.ᵉ, du 10.ᵉ, du 15.ᵉ et du 26.ᵉ cours dans les cabinets et les laboratoires y appartenant, exercices pratiques du 22.ᵉ cours au bureau de commerce, visites aux douanes et aux établissements industriels, durée 4 ans.

---

[1] Le cours d'études pour le personnel des postes et des télégraphes, établi par la loi du 7 juillet 1880, fut réorganisé et incorporé à l'Institut industriel et commercial de Lisbonne et à celui de Porto par décret du 13 janvier 1887.

Il y avait dans ce cours d'études des élèves subventionnés par l'État et qui étaient choisis tous les ans moyennant concours documentaire ouvert par la direction générale des postes, des télégraphes et des phares. Aux termes des instructions approuvées par arrêté ministériel du 10 août 1888, les élèves faisaient leur apprentissage dans les bureaux dépendants de l'administration susdite.

2.º *Vérificateur de douane*, les mêmes cours que pour le précédent, moins le 22.ᵉ cours et les exercices pratiques y relatifs, et, en plus, le travail manuel dans les ateliers, durée 4 ans.

Vérificateur de douane.

d) *Cours supérieur d'études de commerce*, les mêmes cours que pour consul plus le 6.ᵉ, le 10.ᵉ et le 28.ᵉ cours et les travaux pratiques dans les salles d'études, les laboratoires, les ateliers et le bureau de commerce.

Cours supérieur de commerce.

ÉLÈVES

Les élèves se classaient en *réguliers, libres* et *admis*.

Réguliers s'appelaient les élèves qui avaient les cours suivant l'ordre normal; *libres*, ceux qui ne tenaient compte que de la dépendance réglementaire des matières, et *admis*, ceux qui suivaient les cours à leur choix sans avoir égard à la dépendance des matières et à l'ordre prescrit dans le programme d'études.

Catégories d'élèves.

Pour la première inscription dans les divers cours, on devait avoir été reçu :

Conditions d'inscription.

a) Dans l'examen d'instruction primaire élémentaire pour le cours industriel d'études élémentaires ;

b) Dans les examens du cours d'études élémentaires correspondant pour les cours industriels d'études secondaires ;

c) Dans l'examen d'instruction primaire complémentaire, ou dans les examens d'un cours quelconque industriel d'études élémentaires pour ce qui concerne le cours d'études préparatoires aux cours spéciaux, les cours industriels d'études spéciaux et le cours secondaire et supérieur d'études de commerce ;

d) Dans l'examen d'instruction primaire complémentaire et dans les épreuves d'écriture passés à l'Institut pour le cours élémentaire d'études de commerce ;

e) Dans l'examen de portugais (1.ᵉʳᵉ partie), passé dans un lycée national, et dans des épreuves de calligraphie, passées à l'Institut, pour les cours d'études spéciaux de consul et de vérificateur de douane et pour le cours secondaire et supérieur d'études de commerce.

L'examen d'instruction primaire, dont il s'agit plus haut, pouvait être remplacé par un examen d'admission passé à l'Institut; il était permis de dispenser du travail manuel exigé dans les cours industriels d'études élémentaires l'élève qui prouverait avoir travaillé dans les conditions requises dans un atelier quelconque.

Pour l'inscription dans les cours secondaires et spéciaux, ou dans le cours supérieur d'études de commerce, comme *régulier*, il était exigé de l'élève, pour la première année d'avoir fait le cours d'études préparatoires et, pour les années suivantes d'avoir été reçu dans les examens de l'année précédente.

Il n'y avait d'élèves réguliers ni dans les cours d'études élémentaires ni dans le cours d'études préparatoires.

Pour être inscrit, en qualité d'élève libre, dans un cours quelconque, outre les conditions générales énoncées ci-dessus pour la première immatriculation, il fallait avoir été reçu dans les examens des métiers dont ce cours formait la suite.

Pour les élèves appelés admis, ils devaient être examinés par le professeur du cours qu'ils désiraient suivre afin de s'assurer si l'élève était à même de profiter des leçons. Aucun élève ne devait avoir plus de douze ans à son entrée; l'inscription des élèves était toujours gratuite.

Anciens élèves. Aux élèves considérés comme réguliers, lorsque la réforme de 1886 fut décrétée, et à ceux qui se trouvaient inscrits comme libres, le 3 février 1888, quand fut établi le nouveau règlement de l'école, il était accordé la faculté de poursuivre leurs cours d'études dans les mêmes conditions où ils l'avaient fait jusqu'alors, sauf, toutefois, l'obligation de satisfaire aux nouveaux cours de leçons et aux travaux pratiques mentionnés dans le règlement, sans quoi il ne leur serait pas délivré de diplômes d'études.

Punitions. Les punitions qui pouvaient être infligées aux élèves étaient la réprimande particulière, la censure inscrite, l'exclusion temporaire de l'école et le renvoi définitif.

La réprimande particulière, la censure inscrite et l'exclusion jusqu'à huit jours suivant la gravité du cas, rentraient dans les attributions du directeur.

L'exclusion pour plus de huit jours et le renvoi définitif étaient prononcés par le conseil de l'école après avoir entendu l'élève accusé.

Le renvoi définitif dépendait de la confirmation du ministre.

L'application des punitions n'exemptait pas les élèves des responsabilités et des peines qui étaient du ressort du pouvoir judiciaire.

DISPOSITIONS CONCERNANT LES ÉTUDES

Année scolaire. L'année scolaire commençait le 1.er octobre et terminait le 30 juillet. L'ouverture des classes avait lieu du 15 au 20 octobre, et la clôture, du 20 au 31 mai. Etaient jours de congé les dimanches et jours de fête, les jours de fête ou de deuil national et ceux qui étaient spécialement accordés par la direction générale de la division du commerce et de l'industrie.

Les vacances duraient du 24 décembre au 6 janvier, depuis le samedi gras jusqu'au mercredi des cendres, depuis le dimanche des rameaux jusqu'au lundi de Pâques, du 1.er août au 30 septembre.

Pour les cours d'études industriels, élémentaires ou secondaires, et pour le cours d'études préparatoires, les leçons avaient lieu le soir pour les cours d'études spéciaux, et pour ceux de commerce, elles avaient lieu ou le soir ou pendant la journée, ceci étant arrêté par le ministre, sur l'avis du conseil de l'école suivant ce qui convenait le mieux à l'enseignement.

Parties des mêmes matières. Les parties dans lesquelles étaient divisés certains cours devaient être enseignées dans des délais déterminés, soit successivement soit simultanément suivant les résolutions du conseil de l'école. Exception était faite pour le 17.e et le 19.e cours dont les leçons des diverses parties devaient être données pendant toute l'année et à la même heure, et pour le 20.° cours, les deux parties duquel devaient être enseignées pendant toute l'année, mais en des jours alternes et à des heures différentes.

L'élève devait être présent à tous les travaux scolaires et perdait l'année si ses absences atteignaient un nombre égal à un tiers de la totalité des leçons données pendant l'année dans le cours ou la partie du cours qu'il suivait.

Pour établir ce nombre, on considérait comme leçons les travaux pratiques du cours, que ceux-ci fussent exécutés au siège de l'Institut ou dehors, il était pris note spéciale de chaque absence aux conférences laquelle comptait pour deux. Ne pouvait non plus passer les épreuves finales, l'élève n'ayant pas comparu à un tiers des séances de travaux pratiques du cours, ou à un tiers des exercices pratiques de chacune des sections d'enseignement du bureau de commerce pour la 2.° année du cours secondaire d'études, pour la 4.° année du cours supérieur d'études et pour le 28.° cours.

Les épreuves d'avancement que subissaient les élèves étaient théoriques et pratiques. Les premières consistaient en leçons, en répétitions, en conférences et en examens partiels, les deuxièmes comprenaient tous les travaux constituant l'enseignement pratique. *Épreuves d'avancement.*

Le résultat de toutes les épreuves des études était classé au moyen de chiffres, de o à 20, auxquels correspondaient les qualifications suivantes: 19 et 20 très bien ; de 15 à 18 bien ; de 10 à 14 satisfaisant ; de 6 à 9 passable ; de 1 à 5 mal ; 0, très mal ou manque d'épreuve. *Classement des épreuves.*

Les matières de chaque cours étaient exposées dans des leçons par le professeur qui était libre d'appliquer une partie du temps à interroger ou à entendre les élèves sur la leçon précédente. *Leçons, répétitions conférences.*

Moyennant avis préalable, ils pouvaient être appelés par le professeur à des répétitions ou à des conférences sur un groupe de leçons formant une partie complète des matières du cours.

Dans chacun des cours, sauf au 17.° et au 19.°, il y avait deux examens partiels, oraux ou écrits suivant ce que décidait le conseil de l'école sur la proposition du professeur, passés devant celui-ci aux époques fixées par lui d'accord avec le directeur. *Examens partiels.*

Pour les élèves suivant seulement une partie séparée des matières, ne comprenant pas l'enseignement complet du cours, il n'y avait qu'un examen partiel.

Le professeur choisissait les parties des matières déjà étudiées et non comprises dans un autre examen de la même année et on tirait au sort les points qui feraient l'objet de l'examen partiel.

Les élèves n'ayant pu comparaître à un examen partiel, pour un motif acceptable, étaient admis à passer cet examen à une autre date fixée par le professeur d'accord avec le directeur.

Les travaux pratiques étaient réglés suivant des instructions spéciales approuvées par arrêté ministériel du 8 août 1889 et avaient lieu pendant la journée ou le soir à des heures fixées par les professeurs et compatibles avec les autres travaux scolaires. *Travaux pratiques.*

Conformément à ces instructions on consacrait, par semaine, aux travaux pratiques 2 heures dans le 7.ᵉ cours, 4 heures dans le 15.ᵉ cours et six heures dans chacun des cours suivants 5.ᵉ. 8.ᵉ, 9.ᵉ, 10.ᵉ, 12.ᵉ, 13.ᵉ, 14.ᵉ, 16.ᵉ et 26.ᵉ

La durée des séances de travaux pratiques était de deux heures en des jours différents pour le 5.ᵉ le 12.ᵉ et le 15.ᵉ cours, de trois heures en des jours différents aussi pour le 5.ᵉ le 12.ᵉ et le 16.ᵉ cours et de une heure dans le 7.ᵉ cours.

L'enseignement pratique dont les séances devaient commencer jusqu'au 20 novembre était divisé en deux parties, la première terminant fin février, la seconde à la clôture des cours.

A chacune de ces époques, le professeur inscrivait sur un livre spécial de notes la moyenne des classifications obtenues par les élèves dans les travaux pratiques pour être soumis aux examinateurs dans les épreuves finales.

Les adjoints et les préparateurs devaient être présents aux séances de travaux pratiques et assister les élèves sous la direction et la responsabilité des professeurs.

Tous les ans, le conseil de l'école avait à préparer un projet de programme pour les travaux pratiques et à le soumettre conjointement avec le programme des leçons théoriques, à l'approbation du gouvernement.

Travaux dans le bureau de commerce. Le bureau de commerce avait pour objet l'enseignement pratique de la comptabilité commerciale, des opérations de commerce, des opérations financières, de la correspondance commerciale et de la conversation en portugais, en français, en anglais et en allemand.

Cet enseignement qui durait trois ans était distribué comme suit:

1.ᵉʳᵉ année, exercices de comptabilité commerciale concernant des transactions sur marchandises et correspondance y relative en portugais pour les élèves inscrits au 22.ᵉ cours;

2.ᵉ année, exercices de comptabilité pour le commerce de marchandises, les entreprises de navigation, etc., de correspondance et de conversation en français, en anglais et en allemand, destinés aux élèves suivant la 2.ᵉ année du cours secondaire [1] et la 4.ᵉ du cours supérieur d'études de commerce et aux élèves libres voulant s'inscrire plus tard au 28.ᵉ cours;

3.ᵉ année, travaux de comptabilité comprenant les transactions des banques et des compagnies et assurances, les opérations financières et exercices de correspondance et de conversation dans les langues susdites pour les élèves inscrits au 28.ᵉ cours.

Les exercices de correspondance commerciale en français, en anglais et en allemand étaient dirigés par les professeurs respectifs, qui devaient toujours s'entretenir avec les élèves dans la langue choisie pour l'exercice.

---

[1] Les élèves du cours secondaire d'études de commerce, inscrits à la deuxième année du bureau, étaient dispensés des exercices dans une des langues étrangères à leur choix.

Les autres travaux du bureau étaient dirigés par le comptable sous l'inspection du professeur du 22.ᵉ cours, ou de celui du 28.ᵉ suivant la nature de l'exercice.

A la fin de chaque mois, sauf du premier, le comptable procédait à la classification des élèves pour leurs exercices du bureau et, à la fin de l'année, il établissait la moyenne de leurs notes.

Lorsque les matières formant l'objet des exercices étaient divisées en groupes, les classifications, au lieu d'être mensuelles, devaient s'appliquer à chaque groupe séparément.

Dans tous les cas, ses notes devaient être confirmées par le professeur dirigeant les exercices, et, si celui-ci n'était pas d'accord, un comité de trois professeurs, choisis par le conseil, était appelé à examiner les élèves sur les travaux du bureau et à classer définitivement les travaux correspondants.

On agissait de la sorte à l'égard des autres travaux pratiques toutes les fois, qu'il y avait désaccord pour leur classification entre celui qui les dirigeait et le professeur les inspectant.

Les élèves de la deuxième et de la troisième année de travaux du bureau, n'obtenant pas, dans chacune des parties où se divisaient les matières de chaque année, la note annuelle de satisfaisant, au moins, étaient tenus de recommencer tous les exercices y compris les parties dans lesquelles ils avaient obtenu cette classification ou une autre supérieure.

Il y avait trois séances de travaux pratiques par semaine lesquelles duraient deux heures; les exercices de correspondance et de conversation en langues étrangères n'avaient lieu que deux fois par semaine. [1]

Les missions dans les travaux publics, les mines, les entreprises industrielles et tous autres établissements concourant à l'enseignement, étaient exécutées pendant les mois d'août et de septembre et régies aussi par des instructions spéciales.

Les élèves étaient tenus de seconder les professeurs dans leurs expositions théoriques et dans les travaux pratiques dirigés par eux.

Pour toutes les matières professées à l'Institut, il y avait des examens de fin d'année consistant en une épreuve orale et, dans les cours qui l'exigeaient, en une épreuve pratique.

Dans les cours divisés en parties, les élèves qui en suivaient quelques unes séparément n'étaient examinés, que sur les groupes de matières correspondants.

Missions

Coopération des élèves dans les travaux des professeurs.
Épreuves finales.

---

[1] L'expérience ayant montré qu'il n'y avait pas chez les élèves l'application voulue dans les travaux de la deuxième année et de la majeure partie de la troisième année du bureau, pour ce fait que le programme des exercices ne s'adaptait pas à l'ordre des études du cours de comptabilité, on modifia la distribution arrêtée dans les instructions de 1889, comme suit: dans la première année du bureau il y aurait, par semaine, six heures d'exercices pour les élèves de la première partie et six heures pour ceux de la deuxième partie du 22.ᵉ cours, soit, pour ce cours complet, douze heures, en tout, par semaine, en séances journalières de deux heures; il était réservé trois séances de deux heures, soit six heures par semaine, pour les travaux concernant le 28.ᵉ cours.

Pour servir aux examens de fin d'année, il était préparé, et soumis à l'approbation du conseil de l'école, des programmes de matières et quatre heures d'avance l'élève tirait au sort les points devant constituer, son examen, ce qui n'excluait pas des questions sur la partie générale et élémentaire des matières étudiées pendant l'année.

Les épreuves de fin d'année, étaient passées devant un jury formé par le professeur du cours et par deux autres professeurs nommés par le conseil. Lé premier devait interroger l'élève pendant une demi-heure et chacun des autres pouvaient poser des questions pendant un quart d'heure.

Dans le 17.e cours, le 19.e et le 18.e (1.ère partie), l'examen durait seulement un quart d'heure et l'élève ne tirait pas au sort les points sur lesquels il devait être interrogé; le temps destiné aux épreuves pratiques était arrêté par le jury et l'objet des exercices désigné par le sort, séance tenante.

Ne pouvait être admis à l'examen de fin d'année d'un cours quelconque, aucun élève dont la classification annuelle dans les travaux pratiques fût inférieure à 10; il en était de même pour le 28.e cours, en ce qui concerne les exercices pratiques de la troisième année du bureau de commerce.

Il était permis de se présenter aux examens de fin d'année pour des cours ou des parties de cours sans les avoir suivis, à condition toutefois d'avoir été reçu dans les épreuves finales des matières considérées comme études préparatoires de ceux-ci. Dans ce cas le candidat pouvait être questionné sur n'importe quelle partie des matières du cours et devait toujours subir une épreuve pratique suffisamment développée pour se rendre compte de sa capacité dans les travaux pratiques.

Dans ces conditions, il était permis aux élèves ayant perdu l'année de passer les épreuves finales. Les élèves appelés *admis,* ne pouvaient pas se présenter aux examens en qualité d'élèves, mais il leur était délivré des certificats d'application.

Pour la classification des examens de fin d'année, on devait tenir en ligne de compte le résultat des épreuves de capacité subies par les élèves durant l'année.

Celui qui obtenait dans les épreuves finales une classification inférieure à 10 n'était pas reçu.

L'élève qui échouait dans l'examen de fin d'année était obligé à suivre de nouveau le cours y compris tous les travaux pratiques.

On passait des épreuves finales deux fois par an, au mois de juin et de juillet époque appelée ordinaire, et dans la première quinzaine d'octobre, période considérée supplémentaire, réservée aux élèves qui n'avaient pas été reçus ou qui par un motif légitime n'avaient pu y comparaître à l'époque ordinaire.

On dispensait de suivre les leçons et de passer les examens:

1.º, pour le 4.e cours, ceux qui avaient été reçus dans l'examen du cours complet de mathématiques élémentaires à un lycée national;

2.º, pour le 17.º cours (1.ère partie), ceux qui avaient été reçus dans les examens de dessin linéaire (1.ère et 2.º année), à un lycée national, ou dans ceux de dessin géométrique rigoureux ou d'ornement à une école de dessin industriel.

3.º, pour le 20.º cours (1.ère partie), ceux qui avaient été reçus dans l'examen du cours complet de géographie et d'histoire à un lycée national.

4.º, pour le 23.º et le 25 cours, ceux qui avaient été reçus dans les examens de ces matières à un lycée national.

Les examens passés dans un des Instituts étaient valables dans l'autre.

A l'Institut industriel de Lisbonne, il était établi cinq prix pécuniai-res de 50$000 réis chacun (277^{fr}·77), pour être décernés à 5 élèves suivant, comme réguliers, les deux dernières années d'un des cours secondaires ou spéciaux ou du cours supérieur de commerce, jugés dignes de cette distinction par le conseil de l'école. Dans chacune de ces années il ne pouvait y avoir plus d'un prix pécuniaire. Prix pécuniaires.

Pour pouvoir gagner ce prix, la moyenne des classifications obtenues dans chacun des cours de l'année devait être de 15, ou plus.

Quand, dans le même cours et dans la même année, il se trouvait deux élèves, ou plus, dans les mêmes conditions, le montant du prix était partagé en parties égales entre eux, et il leur était délivré des diplômes identiques.

Si, tout en observant les règles précédentes, il y avait plus de 5 élèves jugés dignes du prix on donnait la préférence à ceux qui avaient la meilleure moyenne non inférieure à 15 dans les classifications des épreuves finales.

En dehors des prix pécuniaires, il y avait des accessits dans chaque cours pour les élèves ayant obtenu la classification de 15 à l'épreuve finale et que le conseil de l'école jugeait avoir mérité cette distinction. Mentions honorables.

Les propositions pour décerner des prix pécuniaires étaient présentées collectivement, par les professeurs, de la deuxième année des cours d'études où ils pouvaient être conférés et, pour les mentions honorables séparément par les professeurs de chaque cours. Proposition pour les prix pécuniaires et les accessits.

En accordant ces distinctions, il devait être tenu compte des travaux pratiques faits par les élèves pendant l'année et surtout des missions remplies par eux dans les mois d'août et de septembre.

Outre ces prix officiels sus-mentionnés il existait ceux qu'avait créés l'Association Commerciale de Lisbonne (voir pag. 38) et qui furent distribués annuellement depuis 1886 jusqu'à la supression de cette association, en janvier 1894,[1] et encore les récompenses indiquées ci-dessous. Prix de l'Association commerciale de Lisbonne.

---

[1] Par décret du 31 janvier, le gouvernement ajourna les chambres *sine die* et assuma des pouvoirs dictatoriaux.

L'Association Commerciale de Lisbonne, l'Association Industrielle Portugaise, et l'Association des Marchands de Lisbonne furent dissoutes par un autre décret de la même date, qui déclarait que ces sociétés avaient enfreint leurs statuts et s'étaient écartées

Les prix Saraiva de Carvalho furent institués par le décret du 1.er juin que précède un rapport où il est dit ce qui suit:

«Plusieurs personnes se sont réunies afin de rendre hommage à la mémoire du feu ministre et secrétaire d'État, Augusto Saraiva de Carvalho, qui a rendu de si grands services au pays surtout pour ce qui concerne l'instruction technique, en établissant à l'Institut général d'agriculture *l'enseignement de microscopie et de nosologie végétale*, et en créant à Institut industriel et commercial de Lisbonne le *cours d'exploitation de mines et de métallurgie* et un *cours d'études pratiques pour postes et télégraphes*. Dans ce but, elles ont ouvert une souscription désirant que le produit fût converti en un fonds dont les intérêts seraient appliqués à des prix pour les meilleurs élèves des cours susdits, prix qui devraient porter le nom de Saraiva de Carvalho. La somme recueillie, représentée par 4:500$000 réis (25.000 francs) en titres nominaux de la rente portugaise et par 119$390 réis (663^{fr}28) en numéraire, a été déposée, le 29 juillet 1884, à la caisse du Ministère des travaux publics du commerce et de l'industrie. A l'argent il faut ajouter les intérêts échus depuis le second semestre de 1883.»

Par le décret dont il s'agit, le ministère des finances fut autorisé à accepter le produit de la souscription qui devrait être convertie en titres de la dette publique consolidée à inscrire en faveur du Trésor public. Il y était prescrit, en outre, que le montant des intérêts fût portagé en quatre parties égales, chacune constituant un prix dénommé Saraiva de Carvalho, dont il appartiendrait un au cours d'exploitation de mines et un autre au cours d'électrotechnie de l'Institut industriel et commercial de Lisbonne pour être accordés aux élèves de ces cours que le conseil de l'école jugerait dignes de cette distinction.

On a commencé à décerner ces deux prix pour l'année scolaire 1888-1889.

Ils sont aujourd'hui de 43$500 réis (24^{fr}166) chacun.

---

du but légal de leur organisation en recourant à des moyens anormaux et irréguliers pour obtenir la dérogation des lois en vigueur sur les contributions. Il y était constaté que, à cet effet, on avait tenu des séances où des personnes, n'appartenant pas à ces corporations, avaient fait et encouragé des manifestations d'un caractère entièrement politique nuisibles aux justes intérêts de l'État et au maintien de l'ordre public, et où certains individus avaient prononcé des discours offensifs pour les pouvoirs constitués.

Le ministère de 1894 dut se démettre au commencement de 1897 et le parti *regenerador* céda la place au parti *progressista* dont le ministère, encore aujourd'hui (janvier 1900) au pouvoir, rétablit les associations supprimées.

La nouvelle Association Commerciale de Lisbonne ne put pas, cependant, maintenir les anciens prix du cours d'études de commerce faute des recettes spéciales que touchait de l'État l'ancienne association et qui avaient été transférées à la Chambre de Commerce et d'Industrie de Lisbonne par le décret du 10 février 1894 créant celle-ci.

Plus tard cette subvention cessa d'être allouée à la Chambre de Commerce et d'Industrie de Lisbonne qui ne perçoit de l'État qu'un subside pour les dépenses inhérentes au cours élémentaire de commerce créé par arrêté ministériel du 28 juillet 1894 (voir note de la pag. 89).

L'Association Industrielle Portugaise établit aussi un prix qui, sui-
vant son règlement du 6 août 1890, devait être conféré à un élève, ré-
gulier ou libre, ayant obtenu une moyenne non inférieure à 15 dans les
classifications des examens de toutes les matières d'un des cours d'étu-
des, de conducteur de mines, de directeur d'usines (mécanique), de con-
tremaître d'arts chimiques et de constructeur de machines et d'instruments
de précision.

Prix Prince D. Car-
los

Ce prix qui était de 50$000 réis (277fr77) avait le nom de Prince
D. Carlos.

Il cessa d'exister avec cette association, dissoute en janvier 1894.

Aux élèves ayant achevé un des cours d'études élémentaires, secon-
daires ou spéciaux, ou le cours supérieur d'études de commerce, on déli-
vrait un diplôme de capacité dans lequel mention était faite des matières
composant le cours d'études, des dates où les examens de celles-ci avaient
été passés, des classifications, des notes de distinction, des accessits et
des prix obtenus, ainsi que de la moyenne des classifications de toutes
les épreuves finales.

Diplômes des cours
d'études.

Les diplômes des cours élémentaires d'études étaient passés au nom
du directeur et ceux des autres cours d'études au nom de celui-ci et du
conseil de l'école [1].

Les élèves ayant complété avec distinction, un cours d'études indus-
triel et prouvant, ou garantissant, qu'ils suivraient une profession indus-
trielle devaient avoir la préférence dans le choix de ceux à envoyer à
l'étranger, subventionnés par l'État, pour se perfectionner dans les con-
naissances acquises.

On n'a pas usé cependant de cette autorisation pour l'envoi d'élèves
à l'étranger.

Établissements et dépendances de l'Institut

A l'Institut industriel de Lisbonne il devait y avoir un bureau de
commerce, un cabinet de physique, un laboratoire de chimie, une instal-
lation pour travaux mécaniques, un laboratoire pour travaux métallurgi-
ques, une école pratique de télégraphie, une installation d'électrotechnie,

Indication des dé-
pendances auxiliaires
de l'enseignement.

---

[1] Conformément au décret du 30 décembre 1886, il était perçu pour les diplômes des cours d'études les taxes suivantes : 50$000 réis (277fr78) pour le diplôme du cours supérieur d'études de commerce; 5$000 réis (27fr78) pour celui d'un cours spécial d'études ou du cours élémentaire d'études de commerce et 1$000 réis (5fr55) pour le diplôme d'un cours élémentaire quelconque d'études industrielles.

Pour chaque certificat d'examen on payait 200 réis (1fr11) et pour tous autres certificats ne dépassant pas une page de 25 lignes 200 réis (1fr11) somme accrue de 100 réis (0fr55) pour chaque page en plus. S'il fallait procéder à des recherches dans les livres il y avait une surtaxe de 50 réis pour chaque année non compris la courante.

Outre ces émoluments, aquis à l'État, les diplômes et les certificats étaient sujets au droit de timbre.

un musée technologique et les ateliers nécessaires pour l'enseignement pratique des élèves.[1]

Ateliers.

Les ateliers devraient comprendre des installations pour modelage, pour travaux en bois, en métal et en pierre, pour travaux chimiques, pour construction de machines, pour fabrication d'instruments de précision et pour ouvrages de lithographie,

Outre ces installations, on pourrait créer toutes celles dont l'utilité pratique pour l'enseignement aurait été reconnue par l'expérience.

Pendant que le plan d'études de 1885 a été en vigueur, c'est-à-dire de 1888 à 1891, on n'a songé ni à l'installation pour travaux mécaniques ni aux autres ateliers, sauf en ce qui concerne l'ancienne fabrication d'instruments de précision qui a continué et les travaux de modelage.

Ci-dessous se trouve une brève mention des dépendances de l'Institut, qui ont fonctionné.

Bureau de commerce.

Le bureau de commerce destiné à la partie pratique de l'enseignement du 22.e et du 28.e cours était dirigé par le comptable sous l'inspection du professeur du premier de ces cours.

Cabinet de physique.

Le cabinet de physique qui contenait le matériel d'enseignement, y compris des dessins, des livres et des publications pour le 7.e cours, était confié aux soins du professeur de cette matière (voir page 20). Outre l'instruction pratique donnée aux élèves à l'aide du cabinet de physique, il devait y être procédé à toutes recherches expérimentales concernant cette science et ses applications, fournir les données et le matériel nécessaire pour vérifier les modifications apportées aux procédés scientifiques, aux appareils et aux instruments et pour en essayer de nouveaux, enfin il devait y être constaté authentiquement les résultats des expériences.

Laboratoire de chimie.

Le laboratoire de chimie pour ce qui est du 8.e cours, au professeur duquel en appartenait la direction, avait le même objet que le cabinet de physique.

Cette installation de plus,[2] était destinée aux analyses, aux expériences et aux essais requis par le gouvernement ou demandés par les particuliers, et aux investigations scientifiques et technologiques ordonnées par le directeur; il devait encore y être fourni les connaissances de chimie pratique recherchées par tout individu travaillant dans l'industrie, et l'exécution d'analyses et de travaux quelconques dans les limites permises par le service de l'école devait être facilitée aux particuliers.

D'après les prescriptions du règlement qu'il n'y aurait pas de laboratoire affecté spécialement au 10.e et au 26.e cours, l'enseignement prati-

---

[1] Dans le budget supplémentaire, pour l'année économique 1887-1888, il fut inscrit aux dépenses la somme de 10:000$000 réis (55.566fr. 55) pour acquérir les machines, les appareils et les outils nécessaires à l'établissement des écoles pratiques de télégraphie et pour compléter le matériel d'enseignement des Instituts de Lisbonne et de Porto.

[2] Indépendamment des bibliothèques appartenant aux autres sections d'enseignement pratique, il s'y trouvait aussi une collection de livres, de tableaux et de journaux concernant les sciences et les arts pour être consultés par le personnel et les élèves de l'Institut.

que et les démonstrations de ces cours devraient avoir lieu au laboratoire de chimie.

Le laboratoire de métallurgie était réservé aux essais et aux expériences indispensables à l'enseignement pratique du 15.ᵉ et du 16.ᵉ cours, ainsi qu'aux recherches scientifiques déterminées par le directeur de ce dernier cours qui en était le directeur. *Laboratoire de métallurgie.*

Dans l'école pratique de télégraphie on s'exerçait à manipuler les appareils télégraphiques et téléphoniques des divers systèmes. *École pratique de télégraphie.*

Tant l'installation précédente, que celle d'électrotechnie destinée aux expériences qu'exigeaient les leçons du 8.ᵉ cours, étaient confiées aux soins du professeur de ce cours. L'une et l'autre étaient largement munies de tous les appareils nécessaires, pour satisfaire entièrement au but de leur organisation. *Installation d'électrotechnie.*

Au musée technologique il devait y avoir des machines, des outils, des spécimens de matières premières et de matériaux de construction, des collections minéralogiques et géologiques, des modèles d'instruments, des dessins, des publications de produits industriels. Cet établissement, divisé en sections, correspondant aux spécialités des divers cours, avait des cabinets d'étude pour constructions, minéralogie et géologie, métallurgie et exploitation de mines, dessin, géométrie descriptive, topographie et inventions brévetées. *Musée technologique.*

Le musée technologique avait pour objet:

1.º de réunir le matériel nécessaire à l'enseignement des diverses matières professées à l'Institut;

2.º de généraliser la connaissance des inventions et des perfectionnements les plus récents dans les diverses branches de l'industrie et des sciences;

3.º de fournir le moyen d'essayer des appareils, des matériaux et des procédés applicables à l'industrie et aux arts et d'établir authentiquement les résultats obtenus dans les expériences;

4.º de constater les principaux faits pour l'histoire de l'avancement des sciences et de l'industrie;

5.º de permettre l'exposition permanente de produits de l'industrie nationale et étrangère.

La direction générale du musée incombait à un comité composé du directeur et de deux membres, élus annuellement par le conseil de l'école, dont les fonctions commençaient à être exercées en juillet. Les divers cabinets étaient confiés aux soins des professeurs de chacun des cours correspondants.

La première de ces dispositions n'ayant pas été observée, le musée continua, comme dans les années qui précédèrent la réorganisation des services de l'Institut, où il n'existait personne chargé officiellement d'y veiller, et où aucune nouvelle acquisition ne vint enrichir les collections nombreuses et bien organisées y existantes.

Le musée technologique avait commencé à décliner, déjà en 1877, quand le gouvernement, afin de construire une nouvelle salle destinée à des collections de géologie, suivant la proposition du professeur de cette science, décida de retirer tout le matériel existant dans une des galeries du rez-de-chaussée du bâtiment de l'Institut.

A cet effet, il ordonna à la direction générale de l'administration du commerce et de l'industrie de faire vendre une partie, et de déposer, dans d'autres établissements de l'État, une autre partie d'une belle et nombreuse collection de moules en fonte et de machines entre lesquelles il se trouvait une presse hydraulique de la force de 100:000 kilogrammes et des appareils pour vérifier la résistance des matériaux.

Depuis 1887, aucune nouvelle somme n'a été affectée spécialement à l'entretien et à l'augmentation des collections du musée de technologie, mais toutes les installations appartenant aux divers cours ont été libéralement dotées et possèdent aujourd'hui un abondant et magnifique matériel d'enseignement.

D'un autre côté, la réorganisation, en 1888, du musée industriel et commercial de Lisbonne, établi par le décret du 24 décembre 1883 et appelé à rendre presque les mêmes services que le musée technologique, détourna de cet établissement l'attention et les soins des administrations supérieures.

Malgré cela le musée technologique de l'Institut continua à exister jusques fin 1891, époque où les collections en furent dispersées sur le prétexte d'agrandir l'installation de la bibliothèque de l'école.

Atelier de modelage.

L'atelier de modelage a été établi, comme annexe du 17.ᵉ cours, en des conditions très modestes où il se conserve encore.

Atelier pour instruments de précision.

Il continuait à être maintenu un atelier pour la fabrication et la réparation d'instruments de précision où feraient leur apprentissage les individus voulant suivre ce métier.

Le travail de l'atelier était dirigé par un directeur et un sous-directeur nommé par le gouvernement sous la surintendance du professeur titulaire ou adjoint du 12.ᵉ cours.

Cet atelier était exclusivement destiné à la construction et à la réparation, pouvant être faites dans le pays, des instruments employés dans les bureaux et les établissements dépendants du ministère des travaux publics et des appareils télégraphiques et autres en usage dans les services de la direction générale des postes, télégraphes et phares.

L'atelier avait été installé longtemps avant dans un bel édifice construit expressément dans des terrains attenants à l'Institut et était doté des machines, des outils et du personnel ouvrier nécessaires à une production soignée quoique insuffisante pour tous les besoins.

Les produits de cet atelier ont remporté des récompenses dans toutes les expositions nationales ou étrangères où ils ont figuré et sont très demandés malgré l'essor qu'a pris l'industrie particulière créée dans ces dernières années.

Inspection de l'enseignement manuel.

Il était réservé au gouvernement la faculté de charger un des professeurs de l'Institut de surveiller l'enseignement manuel des élèves dans les ateliers de l'État et les usines des particuliers ayant des contrats avec celui-ci.

Il n'a pas été fait cependant usage de cette autorisation.

Aux élèves étaient fournis tout le matériel et tous les instruments ou les appareils nécessaires pour les travaux pratiques dans les annexes des cours ou sur le terrain. Il étaient tenus responsables de tout endommagement causé au matériel exprès ou par négligence inexcusable.

Dans les dépendances des divers cours il était permis d'exécuter aussi des travaux pour les particuliers moyennant la rétribution établie sur un tarif spécial ou le remboursement des dépenses occasionnées, s'il s'agissait de l'expérience d'un appareil ou d'un procédé technique quelconque.

Pour les travaux ordonnés officiellement il était fixé une rémunération spéciale.

Directeur et personnel de l'enseignement

Le directeur était choisi librement par le gouvernement et remplissait sa charge en commission.

En cas d'absence, le directeur était remplacé par le plus ancien des professeurs de première classe. Si dans ces conditions il y en avait deux ou plus de la même ancienneté, le plus âgé avait la préférence.

Il lui incombait la direction supérieure de l'Institut et des installations annexes, comprenant l'administration des établissements, la surintendance de l'enseignement le maintien de l'ordre et la discipline et les autres fonctions indiquées ci-après.

Le personnel de l'enseignement était composé:

a) d'un professeur de première classe pour chacun des cours désignés par les numéros: 4 à 16, 18, 20 à 32 et 26 à 28 et de professeurs adjoints de première classe, tous ayant la même catégorie et les mêmes prérogatives que les professeurs d'instruction supérieure;[1]

b) de professeurs de deuxième classe, titulaires, pour le 17.ᵉ, le 19.ᵉ, le 23.ᵉ, le 24.ᵉ et le 25.ᵉ cours, et de professeurs de deuxième classe, adjoints, ayant tous la même catégorie et les mêmes avantages que les professeurs d'un lycée central.

L'enseignement de chacune des parties du 20.ᵉ cours pouvait être confié séparément à un professeur titulaire de première classe.

Quant aux professeurs de première classe, adjoints, il y en avait deux pour le 4.ᵉ, le 5.ᵉ et le 6.ᵉ cours, chargés, alternativement, de deux en deux ans, des leçons du 1.ᵉʳ cours; un pour le 7.ᵉ et le 11.ᵉ cours, obligé à diriger le 2.ᵉ cours, et un dernier pour le 12.ᵉ, le 14.ᵉ et le 18.ᵉ cours, ayant à sa charge le 3.ᵉ cours.

---

[1] En Portugal, les professeurs d'instruction supérieure ont le nom de *lentes* avec les épithètes de *cathédraticos* (titulaires), et d'adjoints ou suppléants, ceux d'instruction secondaire sont désignés par *professores* avec la qualification de *proprietarios* ou *effectivos* (titulaires) et d'adjoints ou suppléants.

Dans cet exposé, en français, il sera donné le nom de professeurs de première classe aux *lentes* et de professeurs de deuxième classe aux *professores*.

Il y avait deux professeurs de seconde classe adjoints, dont un pour le 17.ᵉ·et le 19.ᵉ cours, et un autre pour le 23.ᵉ et le 24.ᵉ cours.

Tous les professeurs, de n'importe quelle catégorie, étaient tenus de donner des leçons tous les jours non fériés aux élèves de leurs cours, soit réunis en une seule classe, soit alternativement divisés en deux classes, si cela était nécessaire, sans avoir droit, pour ce fait, à une indemnité spéciale.

En cas d'absence du professeur titulaire et du professeur adjoint d'un cours quelconque ou du dédoublement de celui-ci, par suite d'une grande affluence d'élèves, le gouvernement à défaut de professeur de l'Institut pour se charger des leçons du cours ou de la nouvelle classe, pouvait, le conseil de l'école entendu, nommer une personne compétente à cet effet. Dans ce cas il devait être donné la préférence aux professeurs de cours identiques d'autres établissements officiels et il était interdit, s'il s'agissait du dédoublement d'un cours, de recourir au·personnel exerçant l'enseignement à l'Institut.

Les professeurs de première classe et de deuxième classe pouvaient être appelés à remplir des missions industrielles pendant le mois d'août et le mois de septembre, aux termes du règlement de 1869, (voir pag. 32) une indemnité spéciale leur étant allouée en ce cas.

Concours. Aux places de professeurs de première classe pour le 15.ᵉ, 16.ᵉ, 20.ᵉ, 21.ᵉ, 22.ᵉ, 26.ᵉ et 28.ᵉ cours, de professeur de deuxième classe pour le 25.ᵉ cours et de tous professeurs adjoints, il était pourvu par voie de concours avec présentation de documents prouvant le mérite des candidats et avec épreuves publiques.

Pour être admis aux concours il fallait satisfaire aux conditions suivantes: être portugais, d'origine ou par naturalisation; posséder les qualités physiques et morales, dûment constatées, requises pour l'exercice du professorat, avoir rempli les prescriptions légales concernant le service militaire; avoir complété, dans une école nationale ou étrangère, un cours d'études supérieures qui satisfît à la spécialité de l'enseignement à pourvoir.

Exception, toutefois, était faite en ce qui concerne les cours de langues étrangères, où il suffisait un cours d'études secondaires, et par rapport au 17.ᵉ et au 19.ᵉ cours pour lesquels, outre le cours complet de dessin de l'Académie de Beaux-Arts ou de l'Institut industriel et commercial, soit de Lisbonne soit de Porto, il était exigé un cours spécial de ce même Institut ou le cours du lycée, section de sciences, ou, enfin, les études correspondantes suivies dans des écoles étrangères.

Epreuves des concours pour professeurs de première classe titulaires. Pour les places de professeurs de première classe titulaires, les épreuves des concours comprenaient:

a) La défense d'une dissertation imprimée sur un des points les plus importants des matières de la chaire vacante choisi librement pour le candidat;

b) Deux leçons orales, d'une heure chacune, sur des points appartenant aux matières du cours et tirés au sort quarante-huit heures à l'avance;

c) L'exécution de travaux pratiques sur des points tirés au sort à l'occasion, les membres du jury étant libres de poser aux candidats les questions qu'ils jugeraient convenables sur ces exercices, enfin, séance tenante, la confection et la lecture devant le jury, d'un rapport concernant les travaux exécutés.

Pour la dissertation et pour les leçons orales, deux membres du jury, choisis préalablement, servaient d'interrogateurs, chacun ne pouvant questionner le candidat pendant plus d'une heure dans le premier cas et d'une demi-heure dans le second cas.

Les épreuves des concours pour professeurs de première classe adjoints étaient les mêmes que pour les précedents, mais elles comprenaient toutes les matières constituant le groupe de sciences établi.

Le concours pour la place de professeur du 25.ᵉ cours (langue allemande) était composé des épreuves suivantes :

a) Leçon orale d'une demi-heure sur la langue allemande, traduction en portugais d'un morceau allemand en prose et d'un autre en vers ;

b) Traduction par écrit en allemand d'un morceau portugais, pour laquelle il était donné une heure, et lecture de ce travail devant le jury ;

c) Examen par deux membres du jury, choisis préalablement, chacun desquels ne devait pas interroger le candidat pendant plus d'une demi-heure à l'occasion des épreuves orales et d'un quart d'heure lors des épreuves écrites.

Le sujet des exercices était tiré au sort, une heure d'avance pour la leçon, et séance tenante pour la traduction orale et écrite.

Les épreuves des concours pour professeur de dessin suppléant consistaient dans :

a) Deux leçons orales d'une demi-heure chacune sur un point tiré au sort 48 heures avant ; le sujet de la première étant l'histoire de l'art et l'architecture, la seconde ayant pour objet l'étude de la perspective, de la théorie des ombres ou de la stéréotomie ;

b) Deux exercices pratiques, le premier étant l'exécution d'un dessin d'architecture, de topographie ou de paysage, et le second, le modelage en argile d'une figure ou d'un ornement, l'un et l'autre désignés par le sort.

A la suite des leçons les candidats étaient interrogés de la façon prescrite pour les professeurs de première classe.

Pour la place de professeur adjoint du 23.ᵉ et du 24.ᵉ cours, les épreuves sur la langue française et anglaise étaient semblables à celles indiquées pour le 25.ᵉ cours (langue allemande).

Les points, ou les questions, sur lesquels devaient porter les concours, par rapport à chaque chaire, étaient de dix pour la leçon orale et d'un nombre égal pour les travaux ou exercices pratiques.

Ne pouvaient faire partie des points réservés aux leçons les sujets choisis par les candidats pour leurs dissertations, ni entrer une seconde fois, dans le même concours les parties déjà tombées au sort.

La liste des parties de chaque matière, devant entrer dans les concours, se trouvait au secrétariat de l'Institut, pendant les vingt jours précédant la première leçon, à la disposition des candidats admis, sauf par rapport aux cours de langues étrangères pour lesquels les points n'étaient connus que dix jours à l'avance, et les morceaux destinés aux traductions orales et écrites n'étaient pas communiqués.

Dans la liste des exercices pratiques à tirer au sort, il devait être indiqué les conditions spéciales auxquelles ils devaient satisfaire, le nombre et la durée des séances destinées à chacun des travaux pratiques et au rapport correspondant.

Le tirage des points sur lesquels devaient porter les épreuves était fait devant trois membres du jury par les candidats, suivant l'ordre, désigné par le sort où ils devaient être appelés à les subir.

Il ne pouvait être admis aux épreuves du concours plus de deux candidats chaque jour.

Le cas échéant, tous les deux devaient satisfaire aux mêmes points, mais il n'était pas permis au second candidat d'assister aux épreuues du premier.

Les mêmes parties des matières ne pouvaient pas entrer dans de nouvelles épreuves un autre jour.

Absences des candidats. Était exclu du concours le candidat qui ne comparaissait pas au tirage des points devant constituer les épreuves ou à une de celles-ci sans avoir communiqué au président du jury le motif de son absence.

Le jury, ayant été prévenu, pouvait ajourner de quinze jours le concours du candidat empêché de comparaître, s'il considérait juste la cause de son absence, sans toutefois, interrompre pour ce fait, les épreuves des autres candidats.

Si un candidat n'était pas présent, pour un motif légitime, à une épreuve dont il avait déjá tiré au sort le sujet, ou, s'il était obligé à l'interrompre par suite d'indisposition, il était tenu de procéder à un nouveau tirage avant d'être admis à une nouvelle épreuve.

Dans le cas d'interruption imprévue des travaux du concours, les épreuves déjà passées ne devaient pas être répétées.

Programmes et délais du concours. Les programmes des concours devaient être préparés par le conseil de l'école et publiés au journal officiel *(Diario do Governo)* et en deux journaux de grand tirage de Lisbonne et de Porto, trois fois dans chacun avec intervalles entre les dates de la publication.

A l'expiration du délai du concours, variant entre 60 et 90 jours, le directeur devait convoquer le conseil de l'école pour la constitution du jury et pour l'examen des demandes et des pièces à l'appui présentées par les candidats.

Jury des concours. Dans les concours pour les places de professeurs titulaires de première ou de deuxième classe, le conseil était divisé en cinq sections comme suit :

1.ère section, les professeurs titulaires et les professeurs adjoints de première classe du 4.e, 5.e, 6.e, 12.e, 13.e, 14.e, et du 18.e cours;

2.ᵉ section, les professeurs de première classe titulaires des cours désignés sous les numéros 7 à 11, 15, 16 et 26 et le professeur de première classe adjoint du 7.ᵉ et du 15.ᵉ cours;

3.ᵉ section, les professeurs de première classe du 20.ᵉ, 22.ᵉ, 27.ᵉ et 28.ᵉ cours;

4.ᵉ section, les professeurs titulaires et le professeur adjoint, de deuxième classe, du 7.ᵉ et du 19.ᵉ cours;

5.ᵉ section, les professeurs de deuxième classe titulaires du 23.ᵉ, du 24.ᵉ et du 25.ᵉ cours et le professeur de deuxième classe adjoint du 23.ᵉ, et du 24.ᵉ cours.

Le jury des concours pour les chaires comprises dans la première ou la deuxième section était composé de onze membres et il y entrait tous les professeurs de la section qui se trouvaient en exercice le jour de la constitution du jury, le conseil de l'école choisissant les professeurs de première classe nécessaires pour compléter le nombre établi.

Pour les cours compris dans les autres sections, le jury, composé de sept membres, était formé, comme il est dit ci-dessus, le nombre étant complété par l'adjonction de professeurs de première classe pour la 3.ᵉ section et de première ou de deuxième classe pour la 4.ᵉ et la 5.ᵉ section choisies par le conseil de l'école.

Dans ce cas, le président avait toujours, ou une voix, ou deux voix, suivant que le nombre de votants était pair ou impair; s'il n'était pas professeur titulaire de l'Institut il n'avait de voix que quand le nombre de votants était pair, et une seule.

Pour la validité des votations, il devait être présent deux tiers au moins des membres votants, composant le jury lors de sa constitution [1].

A chaque jury le conseil adjoignait trois membres suppléants qui devaient être professeurs de première classe de l'Institut, s'il s'agissait d'un cours des trois premières sections, et qui pouvaient être professeurs de première ou de deuxième classe, s'il était question d'une chaire comprise dans les deux dernières sections.

Les membres suppléants du jury devaient assister à toutes les épreuves du concours et à toutes les séances du jury, mais ils ne pouvaient donner leur vote que s'ils étaient appelés, suivant l'ordre de leur ancienneté à remplacer quelque membre faisant partie du jury.

Tout membre du jury n'ayant pas comparu à une des épreuves était inhibé de voter dans le concours. Celui qui sans un motif légitime d'absence ne comparaissait pas à quelque épreuve ou votation était passible de suspension avec retenue sur le traitement pendant huit à quinze jours.

---

[1] Les candidats avaient le droit de demander l'exclusion, pour suspicion, de membres du jury, et ceux-ci pouvaient, également de leur côté, se déclarer suspects, aux termes du règlement approuvé par décret du 7 février relatif aux cas de suspicion dans les concours pour le professorat dépendant du ministère de l'intérieur.

Après avoir examiné les pièces présentées par les candidats, le jury émettait son vote sur l'admission de ceux-ci et, dans la même séance, ou dans une autre fixait les dates, les heures et l'ordre des épreuves.

Le président faisait immédiatement publier ces indications avec les noms des candidats admis et ceux des membres du jury ainsi que toutes autres résolutions prises en conformité des règlements.

S'il n'était admis qu'un candidat et si celui-ci était professeur de première ou de deuxième classe de matières identiques à celles de la chaire vacante, le jury pouvait adresser au gouvernement un rapport motivé proposant la dispense des épreuves.

Toutes les fois que ces circonstances ne se produisaient pas, on devait procéder aux épreuves du concours et, aussitôt la dernière de celles-ci terminée, le jury était appelé à émettre son vote par scrutin secret sur la capacité et le mérite des candidats. Ceux qui n'obtenaient pas la majorité de voix étaient considérés comme non admis,

Dans les cas où plus d'un candidat était reçu, on procédait aux votations nécessaires, par scrutin secret pour les classer suivant leur mérite relatif.

A la suite des votations, le jury soumettait au gouvernement tout le dossier du concours accompagné d'un rapport désignant le candidat ou les candidats choisis.

Le dossier devait contenir les pièces suivantes : les demandes et les documents présentés par les candidats, des copies des programmes du concours et des procès verbaux des séances du jury, deux exemplaires, le cas échéant, de la dissertaticn des candidats, un rapport confidentiel du président du jury avec des détails sur tous les actes du concours et sur les qualités morales et intellectuelles des candidats.

Le gouvernement, sur l'avis du comité d'instruction industrielle et commerciale devait approuver les actes du concours ou, s'il était reconnu l'inexécution de quelque prescription en faire ouvrir un nouveau.

Le candidat était nommé d'abord pour deux ans, période considérée de préparation et d'essai. A l'expiration de ce délai, le directeur et le conseil de l'école devaient remettre au gouvernement des rapports motivés où mention était faite du temps qu'avait duré la préparation du nouveau professeur, de son assiduité et de sa conduite ainsi que de l'aptitude et du zèle témoignés dans les services scolaires qui lui avaient été confiés.

Le gouvernement, en vue de ces rapporrs, et des avis de la direction générale du commerce et de l'industrie et du comité d'instruction industrielle et commerciale rendait ou ne rendait pas définitive la nomination provisoire.

Le gouvernement pouvait aussi pourvoir aux places de professeur de première et de deuxième classe par la promotion du professeur adjoint ou du plus ancien des professeurs adjoints du groupe de cours comprenant la chaire vacante.

Il était permis de transférer à la chaire vacante, sur la proposition du conseil de l'école, un professeur quelconque d'un autre cours qui satisfît aux conditions requises pour les candidats. Pour la place devenue vacante par le sortie du professeur, on pouvait ou ouvrir un concours ou y pourvoir par la promotion d'un professeur adjoint.

Le gouvernement était autorisé à contracter à l'étranger, pour le dé-lai jugé convenable, des personnes avec les connaissances voulues quand il ne se présenterait pas, dans le pays, des individus aptes pour l'enseignement théorique et pratique. Professeurs étran-gers.

S'il s'agissait de professeurs de langues étrangères, ils devaient appartenir à la nationalité correspondante. [1]

La retraite et l'éméritat des professeurs de première classe, titulaires et adjoints, étaient soumis à la législation en vigueur pour les professeurs de la même catégorie des établissements d'instruction supérieure, et à la loi générale des retraites.

Aux professeurs de deuxième classe et à leurs adjoints était de même applicable cette dernière loi, ainsi que les dispositions légales concernant les professeurs des lycées centraux.

Il pouvait être accordé aux professeurs des différentes catégories des congés s'il n'y existait pas d'inconvénient pour le service, jusqu'à huit jours par le directeur de l'Institut, jusqu'à quinze jours par le directeur général de l'administration du commerce et de l'industrie et pour plus de quinze jours par le ministre. Congés accordés aux professeurs.

Le professeur jouissant d'une permission de plus d'un mois et de moins de six mois ne touchait que la moitié du traitement. Si le congé était pour un délai supérieur à six mois les appointements étaient supprimés entièrement.

Quand le professeur était empêché de comparaître par maladie, il recevait son traitement intégralement.

Les professeurs qui n'étaient pas présents pour un service quelconque de l'école sans faire valoir un motif légitime d'absence perdaient une partie correspondante de leur traitement, indépendamment de la peine dont ils étaient passibles. Absences des profes-seurs.

Les professeurs devaient prévenir le directeur toutes les fois qu'ils étaient empêchés de comparaître pour permettre de prendre les mesures nécessaires à la régularité du service. Le professeur qui n'était pas pré-

---

[1] Avant 1870, les professeurs ayant exercé pendant vingt ans l'enseignement pouvaient se retirer du service avec la totalité de leur traitement.

Si, à l'expiration de se délai, ils préféraient continuer dans l'exercice de leurs fonctions, ils avaient droit à une augmentation d'un tiers dans leur traitement et dix ans après ils pouvaient obtenir la retraite continuant à toucher le traitement ainsi accru. La jouissance de ces droits constituait l'éméritat.

En 1870, il fut déterminé qu'aucun fonctionnaire ne pouvait être admis à la retraite ou à l'éméritat sans être devenu incapable de remplir ses fonctions, le surcroît d'appointements pour durée de service étant maintenu.

Le droit à la retraite est réglé aujourd'hui par les décrets du 7 juillet et du 23 août 1886.

L'augmentation de traitement pour durée de service a été supprimée par la loi du 26 février 1892 pour tous les serviteurs de l'État à l'exception du corps de professeurs d'instruction primaire, de la marine et de l'armée.

sent à trois leçons consécutives devait être immédiatement remplacé sauf s'il communiquait au directeur que la cause de son absence avait disparu.

Les peines disciplinaires pouvant être infligées aux professeurs étaient les suivantes: avis communiqué en particulier, blâme adressé verbalement, censure inscrite aux livres, suspension de l'exercice des fonctions et perte de traitement jusques à un an, démission.

Les deux premières étaient appliquées par le conseil de l'école et admettaient recours au gouvernement; les autres étaient prononcées par le ministre des travaux publics, le conseil de l'école entendu, soit spontanément, soit sur la proposition du directeur de l'Institut.

La peine de suspension ne pouvait être appliquée qu' avec le vote conforme du comité d'instruction industrielle et commerciale; pour la démission il était exigé, outre cela, l'avis approbatif du procureur général de la couronne.

Les punitions ne pouvaient être appliquées sans que l'inculpé eût été entendu et elles ne l'exemptaient pas des pénalités du ressort des tribunaux ordinaires.

Suivant l'organisation de 1886, les professeurs avaient les traitements, annuels ci-dessous mentionnés: [1]

	Réis
Directeur, rétribution appliquée à l'exercice de ses fonctions	700$000
Directeur, ayant une autre charge rémunérée, ou touchant une pension de retraite, indemnité allouée à l'exercice de ses fonctions	300$000
Professeur titulaire, de première classe, traitement fixe correspondant à son rang	700$000
Professeur titulaire, de première classe, exerçant une autre charge rétribuée, indemnité allouée pour l'exercice de ses fonctions	450$000
Professeur titulaire, de deuxième classe, traitement fixe correspondant à son rang	600$000
Professeur titulaire, de deuxième classe, exerçant une autre charge rétribuée, indemnité allouée pour l'exercice de ses fonctions	400$000
Professeur adjoint, de première classe, traitement fixe de son rang	500$000
Professeur adjoint, de première classe, remplissant une autre charge rétribuée, indemnité appliquée à l'exercice de ses fonctions	450$000
Professeur adjoint, de deuxième classe, traitement fixe de son rang	450$000
Professeur adjoint, de deuxième classe, remplissant une au-	

---

[1] 1$000 réis équivalent à 5 fr. 555.

tre charge rétribuée, indemnité appliquée à l'exercice de
ses fonctions.................................... 400$000 *Réis*

Professeur chargé de veiller à l'enseignement manuel des
élèves, indemnité attribuée à l'exercice de cette commission... 360$000

Professeur, de première classe, supplémentaire appelé éventuellement à diriger un cours, indemnité mensuelle attribuée à l'exercice de cette commission.............. 40$000

Professeur, de deuxième classe, supplémentaire, appelé
éventuellement à diriger un cours, indemnité mensuelle
attribuée à l'exercice de cette commission............ 35$000

A tout professeur chargé d'une mission industrielle pendant les vacances il était versé, outre les frais de voyage pour chemin de fer, et les
frais de route calculés à 35 réis par kilomètre de chemin ordinaire par-
couru, la somme de 2$500 réis (13^{fr}·89) pour chaque jour où il se con-
servait absent de son domicile officiel.

Il n'était pas établi, dans la loi, la rétribution à donner aux professeurs contractés à l'étranger, ceux-ci recevant les appointements stipulés
dans leur contrat.

Les ingénieurs attachés au service des travaux publics, exerçant des
fonctions à l'Institut, sans remplir des commissions dans les bureaux de
l'administration susdite, percevaient, par leur ministère, le traitement
fixé correspondant à leur rang dans le cadre et touchaient à l'Institut
les sommes attribuées à l'exercice de leurs places dans cet établissement.

Outre les traitements sus-mentionnés, il était alloué, par la loi du
premier juin 1888 aux professeurs de l'Institut et des autres écoles dépendantes du ministère des travaux publics, pendant tout le temps que
duraient leurs leçons, l'indemnité de 43$000 réis (238^{fr}·88) par mois,
somme sujette à des déductions correspondantes au temps des vacances,
d'une durée de plus de cinq jours, et aux absences des professeurs.

Pour couvrir cette augmentation de dépenses, entre autres recettes
créées on augmenta de cinquante pour cent le droit perçu pour l'inscription des élèves au cours supérieur d'études de commerce et on établit
un tarif de prix pour les travaux exécutés dans les laboratoires de l'Institut sur la demande des particuliers.

Conformément au décret organique du 30 décembre 1886, et indépendamment de concours, le gouvernement compléta immédiatement le
cadre des professeurs en nommant pour les nouvelles chaires des «individus d'un mérite reconnu».

Tous les droits des anciens professeurs furent respectés.

PERSONNEL ADMINISTRATIF, PERSONNEL SUBALTERNE ET SOUS-ORDRES

Le personnel administratif se composait d'un secrétaire, d'un contrôleur, d'un chef de bureau, d'un premier commis et de deux seconds
commis.

Le secrétaire exerçait les fonctions de chef du secrétariat et de bibliothécaire; le contrôleur avait à sa charge la comptabilité; le chef du bureau remplaçait ces deux fonctionnaires, quand ils étaient empêchés et assistait le premier dans les services du secrétariat; les commis aidaient le secrétaire et le contrôleur en tenant les écritures et en exécutant tout autre travail de bureau.

Personnel subalterne. Le personnel subalterne comprenait: un comptable; un démonstrateur de chimie pratique; un conservateur du musée; des préparateurs dont un de physique pour le 2.ᵉ et le 7.ᵉ cours, un de chimie pour le 2.ᵉ et le 9.ᵉ, un d'électrotechnie pour le 2.ᵉ et le 8.ᵉ, un de constructions pour le 13.ᵉ et le 14.ᵉ, un de matières premières pour le 26.ᵉ, un de minéralogie pour le 15.ᵉ et le 16.ᵉ, et, éventuellement un de technologie pour le 10.ᵉ cours; un directeur et un sous-directeur chargés de l'atelier d'instruments de précision.

Le comptable avait pour mission de diriger les élèves dans les exercices du 22.ᵉ et du 28.ᵉ cours, d'assister leurs professeurs dans les travaux pratiques organisés par ceux-ci, de tenir un cours spécial des matières de la 22.ᵉ chaire comprises dans les cours élémentaires d'études de commerce.

Il incombait au démonstrateur de chimie de diriger, sous l'inspection du directeur du laboratoire, les manipulations des élèves de l'Institut et de tous autres individus admis aux travaux de chimie pratique, de seconder les professeurs du 9.ᵉ, du 10.ᵉ et du 26.ᵉ cours dans leurs travaux et leurs recherches scientifiques, de remplir divers services intéressant l'administration intérieure du laboratoire,

Au conservateur appartenait la surveillance et l'entretien du musée technologique et de ses dépendances et l'exécution des instructions spéciales et des résolutions supérieures concernant cet établissement.

Les préparateurs avaient, comme devoirs: de préparer et d'exécuter les expériences et les démonstrations exigées dans les différents cours suivant les indications des professeurs et d'aider ceux-ci dans leurs travaux scientifiques; d'être présents à tous les travaux des cabinets et des laboratoires dont ils étaient chargés et de veiller à la conservation du matériel de ces derniers.

Le préparateur d'électrotechnie était appelé à enseigner pratiquement, sous la direction du professeur du 8.ᵉ cours, la manipulation et l'usage des appareils télégraphiques et téléphoniques.

Le préparateur de mécanique et celui de constructions étaient tenus d'accompagner les élèves dans les exercices des salles d'études et le préparateur de chimie devait aider le démonstrateur dans les travaux indiqués par le professeur du cours.

Il y avait, comme sous-ordres, 1 portier, 8 surveillants, 9 garçons et un concierge.

Le portier, qui en était le chef, sous les ordres du directeur et du secrétaire, veillait au maintien de l'ordre et de la discipline et avait, sous sa responsabilité, l'entretien et la conservation du bâtiment, du mobilier et de tous autres objets dont on dressait inventaire de la remise.

Les surveillants devaient exercer la police de l'établissement, s'assurer de la propreté des salles et de la conservation des objets y existants, marquer les absences des élèves et remplir dans les classes tous services demandés par les professeurs.

Les garçons faisaient le nettoyage du bâtiment et des dépendances de l'Institut et aidaient les surveillants.

Le personnel administratif, sauf les commis, ainsi que le personnel subalterne à l'exception du directeur et du sous-directeur de l'atelier d'instruments de précision étaient nommés par le roi. Les commis et les sous-ordres étaient nommés par arrêté du ministre des travaux publics.

Il était pourvu aux places de secrétaire, de comptable, de démonstrateur de chimie pratique et à celles de préparateur par des concours avec présentation de documents constatant le mérite des candidats et avec épreuves publiques. Le jury était composé de sept membres votants et de deux suppléants nommés par le conseil de l'école et avait comme secrétaire et comme président le secrétaire et le directeur de l'Institut, ce dernier votant dans les mêmes conditions qu'aux concours pour les places de professeur.

Outre les conditions générales requises dans ces derniers, il fallait, pour pouvoir concourir à la charge de secrétaire, posséder un cours d'études supérieur secondaire ou spécial et, pour être admis comme candidat aux autres places, avoir passé, avec succès les examens de la matière ou des matières indiquées dans le programme comme ayant un rapport direct avec le service à remplir.

Les épreuves pratiques de ces concours consistaient: pour la charge de secrétaire, dans la rédaction d'un rapport sur une question donnée et dans la résolution d'une affaire dépendante de la législation sur l'enseignement industriel et commercial ; pour les places de comptable, de démonstrateur de chimie, de conservateur du musée, et celle de préparateur, dans l'exécution de travaux pratiques, indiqués dans le programme du concours qui pussent prouver l'aptitude et la capacité des candidats pour le service de ces emplois.

Les points sur lesquels devaient porter les épreuves ne se publiaient pas et étaient tirés au sort à l'occasion. Les membres du jury étaient libres de diriger aux candidats les questions qu'ils jugeaient utiles pendant leur travail.

Les programmes du concours et la liste des questions à traiter dans les épreuves étaient préparés par le jury duquel devaient faire partie les professeurs qui avaient la direction supérieure des services s'il s'agissait des places de comptable, de démonstrateur, de conservateur et de celles de préparateur.

Dans tous les actes du concours on devait observer les règles prescrites pour les concours des professeurs.

Pouvait être promu à la charge de secrétaire, indépendamment de concours, le chef du bureau s'il possédait un cours d'instruction secondaire ou spéciale et avait rempli les devoirs de son poste d'une manière satisfaisante pendant trois ans au moins.

Il était pourvu aux places de contrôleur, de chef de bureau et de commis moyennant des concours ouverts par la direction générale du commerce et de l'industrie dans les conditions déterminées par cette administration.

Retraites. — Le personnel administratif, les agents subalternes et les sous-ordres étaient mis à la retraite aux termes de la législation générale en vigueur pour les autres employés de l'État.

Congés, absences et peines disciplinaires. — Pour les congés, les absences et les peines disciplinaires le personnel dont il s'agit était soumis aux mêmes règles que les professeurs.

Il était établi, cependant, que les absences, même celles justifiables, impliquaient une retenue correspondante sur les appointements, et que l'avis, la censure et la suspension jusqu'à cinq jours pouvaient être prononcés par le directeur, les autres peines étant appliquées par le ministre après avoir entendu l'intéressé et le conseil de l'école.

Traitements. — Les traitements annuels du personnel dont il s'agit sont indiqués ci-dessous. [1]

Comptable :

traitement fixe...	5oo$000	
indemnité attribuée à l'exercice des fonctions....	16o$000	66o$000

Comptable, ayant un autre emploi rétribué par l'État :

indemnité allouée pour l'exercice des fonctions..	400$000

Conservateur :

traitement fixe ...	3oo$000	
indemnité appliquée à l'exercice des fonctions...	15o$000	45o$000

Préparateurs :

traitement fixe... ...	3oo$000	
indemnité affectée à l'exercice de leurs charges	6o$000	36c$000

Préparateurs remplissant d'autres services publics rémunérés : [2]

indemnité allouée pour l'exercice de leurs fonctions....	240$000

Démonstrateur de chimie pratique : [3]

traitement fixe...	3oo$000	
indemnité inhérente à l'exercice des fonctions...	2oo$000	5oo$000

Secrétaire :

traitemeut fixe...	5oo$000	
indemnité attribuée à l'exercice des fonctions...	1oo$000	6oo$000

---

[1] 1$ooo réis équivalent à 5ᶠʳ·555.

[2] Les préparateurs ne pouvaient exercer aucune autre charge publique sans l'autorisation du ministre des travaux publics.

[3] La place de démonstrateur de chimie pratique était incompatible avec tout autre service de l'État.

Chef de bureau et contrôleur:

traitement fixe...............................	400$000	
indemnité allouée pour l'exercice de leurs charges..	100$000	500$000

Premier commis:

traitement fixe........................	300$000	
indemnité attribuée à l'exercice des fonctions...	60$000	360$000

Seconds commis :

traitement fixe............................	200$000	
indemnité allouée pour l'exercice de leurs charges...................................	60$000	260$000

Directeur de l'atelier d'instruments de précision:

traitement fixe............................	400$000	
indemnité attribuée à l'exercice des fonctions...	200$000	600$000

Sous-directeur de cet atelier :

traitement fixe...........................	300$000	
indemnité attribuée à l'exercice des fonctions...	180$000	480$000

Portier :

traitement fixe................	300$000	
indemnité attribuée à l'exercice des fonctions...	60$000	360$000

Surveillants :

traitement fixe...........................	182$500	
indemnité allouée pour l'exercice de leurs fonctions..............................	72$000	254$500

Garçons et concierge :

traitement fixe...........................	144$000	
indemnité allouée pour leurs services.........	72$000	216$000

Les agents qui manquaient pour compléter les cadres du personnel administratif et subalterne, établis dans l'organisation de 1876, furent nommés indépendamment de concours aux termes du décret organique. Nouveaux employés.

Conseil scolaire et conseil administratif

Le conseil de l'école était composé du directeur, président, et des professeurs de première et de deuxième classe, titulaires ou adjoints. Le secrétaire de l'Institut, assistait aux séances, comme secrétaire du conseil, mais il n'avait pas de vote. Conseil de l'école.

Les professeurs nommés provisoirement ne pouvaient être présents aux séances où il était question de leur nomination définitive et les professeurs, n'appartenant pas à l'Institut, appelés éventuellement à diriger quelque cours, ne faisaient pas partie du conseil.

Le conseil avait une séance ordinaire par mois et se réunissait, extraordinairement, toutes les fois que le directeur le jugeait convenable ou que trois membres le demandaient, par écrit, en déclarant l'objet de la convocation.

Il devait être présent plus de la moitié des professeurs en exercice pour que le conseil pût se réunir.

Quand une séance ne pouvait être tenue, par manque du nombre de membres requis elle était convoquée à nouveau et alors le conseil était autorisé à délibérer s'il comparaissait, au moins un tiers du nombre de professeurs en exercice.

Les questions soumises à la résolution du conseil étaient décidées par majorité absolue de voix.

Les votations avaient lieu par scrutin secret dans les cas désignés pour les concours aux places de professeurs et toutes les fois que, sans enfreindre la loi organique, le conseil le jugeait préférable.

Les votations pouvaient également être nominales si cette forme était approuvée par le conseil, sur la proposition de quelque membre, sauf dans les cas ou le règlement déclarait obligatoires les votations par scrutin secret. En cas de partage le vote du président prévalait.

Dans les rapports et les procès-verbaux du conseil, il était permis de faire consigner une déclaration avec le vote mais pour cela il fallait être présent à la séance et la déclaration, devait être motivée et présentée par écrit.

Les résolutions du conseil pouvaient être communiquées au gouvernement, soit par un rapport, soit par une simple lettre officielle, suivant l'importance de la question exposée.

Il devait être donné suite immédiatement à toute délibération ne dépendant pas de la sanction d'une administration supérieure.

Dans la confection des procès verbaux des séances on résumait, sous la forme de conclusions, les questions décidées et les déclarations de vote et on constatait intégralement les déclarations motivées, les propositions présentées et le résultat des votations.

Le procès verbal de chaque séance était lu dans la réunion suivante et, ayant été adopté, inscrit sur un registre spécial avec les signatures du directeur et du secrétaire.

Le premier jour non férié, à partir du 15 octobre, le conseil devait tenir une séance publique pour l'ouverture solennelle des cours et la distribution des prix et des mentions honorables conférés aux élèves pour l'année précédente.

Le dernier jour non férié du mois de juillet avait lieu la séance de clôture de l'année scolaire. Il y était statué sur tout ce qui concerne les épreuves finales et les examens d'admission en octobre, l'horaire des cours pour l'année suivante, la distribution des dotations pour les divers établissements dépendants de l'Institut et toutes dispositions visant à la bonne marche du service de l'école.

Il appartenait spécialement au conseil d'administrer et de réglementer tout ce qui concerne les services scientifiques de l'Institut, de proposer au gouvernement tout ce qu'il jugerait utile pour l'enseignement, d'émettre son avis sur toutes les questions qui lui fussent soumises par le gouvernement, d'élire les professeurs devant composer le conseil administratif, de prendre des mesures, en attendant une résolution définitive du gouvernement, pour tous les cas non prévus concernant le régime des études et la police des classes et des établissements annexes.

Le conseil administratif était constitué par le directeur de l'Institut, président, par deux professeurs qu'élisait annuellement le conseil de l'école dans sa séance ordinaire du mois de juin et par le secrétaire de l'Institut.

Le conseil administratif avait à sa charge l'administration financière de l'Institut.

L'organisation de 1886, très applaudie[1] par l'opinion publique se conserva en exécution jusqu'en 1891, sauf quelques légères modifications ci-dessous exposées.

MODIFICATIONS APPORTÉES AUX ÉTUDES EN 1890

Par décret du 20 mars 1890, quand était ministre des travaux publics Frederico de Gusmão Correia Arouca, pair du royaume et conseiller de la cour des comptes, la 4.ᵉ chaire de l'Institut industriel et commercial de Lisbonne fut divisée en deux parties, la première comprenant l'arithmétique et la géométrie plane, et la deuxième l'algèbre et la géométrie dans l'espace ainsi que la trigonométrie rectiligne, matière supprimée du 6.ᵉ cours.

Ce dédoublement avait été proposé par le conseil de l'école, l'expérience ayant montré l'avantage de donner un plus grand développement à l'étude des principes de mathématiques.

Il fut déterminé, par ce décret, qu'un des deux professeurs adjoints du 4.ᵉ, du 5.ᵉ et du 6.ᵉ cours serait chargé de la première et de la deuxième partie de la 4.ᵉ chaire, et qu'un autre serait affecté au service du 5.ᵉ et du 6.ᵉ cours, chacun devant, tour à tour, pendant un an, enseigner les matières du 1.ᵉʳ cours.

Par arrêté ministériel du 17 mai 1890, il fut prescrit que nul individu ne pût être inscrit dans la 2.ᵉ partie du 4.ᵉ cours sans avoir été reçu à l'examen de la première partie, et quelques mesures transitoires furent prises pour passer du plan d'études de 1886 aux nouvelles prescriptions du décret ci-dessus mentionné.

---

[1] Les professeurs de l'Institut, considérant comme un mauvais précédent, la nomination de professeurs, indépendamment de concours pour les chaires créées en 1886 adressèrent au gouvernement une exposition à cet effet.

Organisation de 1891 et modifications de 1893

Organisation de l'enseignement industriel et commercial en 1891, et modification de 1893.

Le 8 octobre 1891, le gouvernement, dont était ministre des travaux publics le conseiller João Ferreira Franco Pinto Castello Branco, usant de la faculté accordée par le parlement pour la réorganisation des services publics avec réduction des dépenses, décréta une nouvelle organisation pour l'enseignement industriel et commercial.

La nouvelle organisation fut modifiée plus tard, par décret du 25 octobre 1893, le portefeuille des travaux publics étant alors confié au Dr. Bernardino Luiz Machado Guimarães, professeur de la faculté de philosophie de l'Université de Coïmbre.

Les principales dispositions organiques des deux décrets, pour ce qui est de l'Institut industriel et commercial de Lisbonne, sont exposées ci-dessous.

L'ancienne dénomination universitaire de *cadeiras* (chaires ou cours) disparut et fut remplacée par le terme *disciplinas* (matières ou cours).

Il y avait dix-neuf cours pour la section industrielle et quatorze pour la section commerciale; quatre des premiers et cinq des seconds étaient communs aux deux sections et quelques-uns se trouvaient désignés d'une manière différente de celle généralement suivie alors en Portugal. [1]

Le *cours supérieur* d'études de commerce fut supprimé ainsi que les *cours élémentaires* d'études industrielles et le cours des postes et télégraphes. [2]

Les nouveaux cours d'études furent classés comme il est indiqué ci-dessous.

Matières.

A — *Cours industriel général* ou, *cours de technologie générale*, c'est-à-dire «de science dans ses applications générales à l'industrie», ayant une durée de 3 ans.

---

[1] Par arrêté ministériel du 19 septembre 1894, l'ancienne dénomination de *cadeiras* (chaires ou cours) fut rétablie et les cours furent désignés par une numération suivie pour les deux sections conformément au projet soumis par le conseil de l'école.

Cours de télégraphie.

[2] Un nouveau cours d'études de télégraphie, d'une durée de trois ans, destiné à former du personnel pour le service de l'administration des postes et télégraphes, a été organisé par décret du 28 janvier 1894, suivant ce qu'avait proposé le conseil de l'école dans un rapport du 27 avril 1893.

Cours supérieur de commerce.

Sur les instances faites par des élèves et la proposition présentée à plusieurs reprises par les professeurs de l'Institut, une loi promulguée le 22 avril 1896 vint déclarer *cours supérieur,* le cours de commerce *de second degré* établi dans l'organisation de 1884.

Il fut ainsi placé au rang que reconnaissaient les lois au *cours supérieur* d'études de commerce, créé en 1884, et confirmé em 1886, c'est-à-dire considéré, sous tous les rapports, équivalant aux autres cours supérieurs de toutes les écoles du pays.

Cette nouvelle loi spécifiait que les individus, ayant le cours supérieur de commerce, pouvaient concourir aux places de chef de service du ministère des affaires étrangères, de secrétaire de légation de deuxième classe et de consuls de première classe.

B— *Cours industriels spéciaux,* avec les groupes suivants:

a) COURS D'ÉTUDES DE MÉCANIQUE INDUSTRIELLE, comprenant les cours d'études de métallurgie, de métallurgie et d'art de mines, de constructions civiles, de constructions civiles et de travaux publics, et de mécanique avec une durée de 4 ans pour les cours d'études contenant deux spécialités et pour celui de mécanique, et de 3 ans pour les autres;

b) COURS D'ÉTUDES DE PHYSIQUE INDUSTRIELLE ET DE CONSTRUCTION D'INSTRUMENTS DE PRÉCISION, d'une durée de 4 ans;

c) COURS D'ÉTUDES DE CHIMIE INDUSTRIELLE ET DE CONSTRUCTION D'APPAREILS DE CHIMIE, ayant une durée de 4 ans.

C— *Cours complets de commerce,* avec la dénomination de cours d'études de commerce du premier degré, achevé en deux ans, et de cours de commerce du second degré, complété en 3 ans. [1]

D— *Cours partiels d'études de commerce,* savoir: cours de comptabilité commerciale avec une durée de deux ans et de comptabilité financière avec une durée de 3 ans.

On ne délivrait pas de diplômes, mais de simples certificats de capacité pour les professions ci-dessous indiquées.

A— *Section industrielle:* experts en travaux industriels, contremaîtres métallurgistes, contremaîtres métallurgistes et conducteurs de mines, charpentiers-architectes, charpentiers-architectes et conducteurs de travaux publics, contremaîtres mécaniciens, contremaîtres d'arts physiques, contremaîtres d'arts chimiques.

B— *Section commerciale:*

a) Premier degré, agents de comptabilité commerciale et négociants.

b) Second degré, agents de comptabilité financière et individus se destinant au haut commerce.

Suivant les dispositions de la loi, tout individu possédant un cours d'études quelconque de l'Institut devrait être préféré par le gouvernement dans le choix d'employés pour tous les services de l'État ayant rapport à sa spécialité.

Le cours de commerce du second degré était considéré un titre de capacité pour remplir les charges de vérificateur de douane et de consul. [2]

Il y avait deux classes d'élèves, l'une n'ayant aucune désignation spéciale, l'autre d'élèves appelés libres.

Pour être admis comme élève de cette première classe à l'inscription dans les divers cours, il était exigé, outre l'examen d'instruction primaire élémentaire, d'avoir passé avec succès les épreuves, soit du cours complémentaire des écoles industrielles, soit du cours de premier degré des écoles normales, ou encore d'avoir été reçu dans les examens de langue portugaise, de géographie, d'histoire, de principes de mathématiques (1.ère

---

[1] Les meilleurs élèves mêmes ne réussirent pas à compléter le cours commercial du second degré en trois ans, surtout à cause de la deuxième année qui comprenait neuf matières différentes.

[2] Voir note pag. 78.

partie), d'éléments de physique, de chimie et d'histoire naturelle (1.ère partie) des cours des lycées nationaux et de langue française, ou enfin de posséder l'ancien cours d'études préparatoires de l'Institut.

Tous ces examens sauf celui d'instruction primaire pouvaient être remplacés par un examen d'admission passé à l'Institut portant sur les matières contenues dans les cours complémentaires indiqués ci-dessus.

Pour l'inscription dans un cours quelconque dont l'étude demandait la connaissance de matières enseignées dans un autre cours il fallait avoir été reçu dans l'examen de ce dernier.

Les élèves qui avaient suivi le cours, d'une manière satisfaisante, étaient dispensés des épreuves du passage pour les parties des mêmes matières.

Au commencement il n'était pas exigé les examens d'études préparatoires pour l'admission des élèves appelés libres; par arrêté ministériel du 26 novembre 1863, il fut prescrit, cependant, que nul ne pourrait passer les épeuves finales d'un cours, en qualité de candidat n'appartenant pas à l'Institut sans avoir été reçu, comme les élèves réguliers, [1] dans les études préparatoires et dans les matières dont ce cours était considéré la suite.

Régime des études. La durée des leçons devait être de six heures par semaine au lieu de quatre heures et demie, comme il avait toujours été établi auparavant, sauf pour le cours de dessin.

En général le temps des leçons était partagé également entre les deux parties du cours de sorte qu' une heure était appliquée à un certain sujet et la suivante réservée à une autre étude avec assistance d'élèves souvent différente.

Épreuves d'avancement. En dehors des leçons et des répétitions auxquelles devaient satisfaire les élèves, ils étaient appelés à composer des mémoires et, dans chaque cours ou partie de cours, ils avaient à subir deux examens partiels avec épreuves théoriques et pratiques et un examen de fin d'année.

Enseignemeut pratique. L'enseignement pratique était obtenu aux salles d'étude, au bureau de commerce, au laboratoire, aux cabinets et aux ateliers de l'Institut, ainsi que dans des visites et des excursions d'étude, dans des établissements et des ouvrages publics ou particuliers, dans le laboratoire de matériaux de construction établi au siège de la première circonscription hydraulique et considéré comme établissement auxiliaire de l'Institut pour l'enseignement des élèves.

La durée des exercices pratiques, dans les bâtiments de l'Institut, était arrêtée sur des horaires dépendants de l'approbation du gouvernement.

Dispense dans l'ordre des matières. [1] Depuis le mois d'août 1894, des résolutions successives du ministre dispensèrent de suivre par ordre les matières pour l'inscription dans les cours d'économie politique et de produits de commerce les élèves qui le demanderaient, et à la fin, une décision ministérielle, en date du 1.er juin 1807, étendit cette concession à tous les cours de l'Institut dont il pouvait être permis de passer les épreuves finales sans dépendance de matières.

En septembre 1894 le gouvernement décida que pour les élèves de la section commerciale, il n'y eût pas d'exercices scolaires, depuis dix heures du matin jusqu'à quatre heures du soir ce qui obligea à réduire le temps destiné à l'enseignement soit théorique soit pratique.

En effet, pour cette section, suivant le décret du 25 octobre 1893, on devait diviser la journée et établir les heures de façon qu'il existât soixante-deux exercices scolaires indépendants les uns des autres; afin d'y arriver il fallut faire durer les services de l'école depuis sept heures du matin jusqu'à dix heures et demie du soir, heures extrêmes, car il ne fait pas jour avant sept heures en hiver, et à une heure plus avancée de la nuit les élèves ne peuvent profiter de l'enseignement.

La résolution ministérielle força donc à diminuer la durée et le nombre des leçons et des exercices pratiques dans quelques cours.

Les travaux manuels avaient lieu dans des ateliers de charpenterie et de serrurerie établis à l'Institut. Ils étaient obligatoires, pendant cinq heures par semaine, pour les élèves des deux premières années des cours industriels qui ne pouvaient pas être admis à s'inscrire dans la troisième année de ces cours sans cet apprentissage de deux ans à l'Institut. *Travaux manuels.*

Les travaux professionnels qui devaient être aussi développés que possible ayant une durée d'au moins six heures par semaine étaient exécutés pendant la troisième et la quatrième année des cours industriels. *Travaux professionnels.*

On devait profiter, à cet effet, des ateliers ci-dessus mentionnés et de celui d'instruments de précision, atelier où successivement furent établies, dans la suite, des sections de gravure en bois, de ciselure et de travail en verre, ainsi que de l'installation de préparations technologiques créée aussi plus tard. Il ne devait pas être négligé l'enseignement pratique dans les travaux et les établissements publics et particuliers.

Pour les élèves des cours de commerce il y avait à partir de la deuxième année, des exercices pratiques au bureau de commerce et, dans la dernière année, des travaux professionnels exécutés comme il est dit plus haut.

Dans chaque cours complet, et dans chaque partie indépendante de cours, il y avait un examen de fin d'année auquel pouvaient être admis non seulement les élèves de l'Institut mais aussi des élèves n'y appartenant pas qui eussent fait les études exigées pour l'inscription dans les cours. *Examens de fin d'année.*

Nul élève ne pouvait être admis aux épreuves finales sans avoir obtenu, pendant l'année, une moyenne de points correspondante au moins à la note de *suffisant* dans chacun des deux groupes d'exercices, théoriques et pratiques.

Cette moyenne fut fixée à 10 points en 1893 et réduite à 7 en 1894.

Il n'était permis de passer l'examen de fin d'année, en octobre, qu'aux élèves ne pouvant comparaître à l'époque ordinaire pour motif de maladie ou de force majeure.

Il ne fut pas, cependant, tenu compte de cette prescription, par les divers ministres des travaux publics, jusqu'au 15 septembre 1898, date d'une décision ministérielle signée par le conseiller Elvino José de Sousa e Brito ministre des travaux publics actuel et professeur de l'Institut ordonnant de s'astreindre à la loi.

Tout le temps, le gouvernement a autorisé aussi d'admettre aux épreuves finales des élèves libres n'ayant pas les examens des études préparatoires avec la restriction, toutefois, qu'il ne leur serait pas délivré le certificat du cours sans avoir été reçus dans ces derniers.

Des décisions et des arrêtés ministériels divers exemptèrent encore les élèves de suivre les cours et de subir les examens de fin d'année à l'Institut pour certaines matières qu'ils avaient déjà passées avec succès dans d'autres établissements officiels d'enseignement supérieur et secondaire.

Subventions aux élèves.

Le gouvernement pouvait accorder une subvention mensuelle de 12$000 réis (66fr. 67) à quelques élèves, suivant avec distinction les cours de l'Institut, et dont l'insuffisance des moyens fût reconnue.

Professeurs.

Il y avait un professeur pour chaque cours ou chaire et tous étaient obligés, en cas de besoin, de se remplacer les uns les autres dans des groupes de matières.

Les professeurs avaient à leur charge tout l'enseignement, tant théorique que pratique, les places de professeurs adjoints, de comptable et de démonstrateur de chimie pratique ayant été supprimées.

Il ne fut conservé que quatre préparateurs pour la section industrielle et un pour la section commerciale, ce qui occasionna de graves embarras pour la régularité de l'enseignement pratique.

Afin de parer à ces inconvénients, le décret de 1893 accorda au gouvernement la faculté de créer immédiatement une place de répétiteur pour les exercices du bureau de commerce et d'employer du personnel surnuméraire des cadres dans l'enseignement pratique, tout en tenant compte des ressources du budget.

Les prérogatives, le rang et le traitement des professeurs existants furent maintenus ; mais ceux qui, remplissant déjà une autre charge rétribuée par l'État, cessaient d'exercer leurs fonctions à l'Institut ne pouvaient toucher ni traitement fixe ni indemnité allouée pour l'exercice de l'enseignement, pendant tout le temps de leur absence.

Cette disposition ne fut pas, cependant, observée par rapport aux professeurs qui étaient membres du parlement, le gouvernement s'étant conformé avec l'avis du procureur général de la couronne qui considéra cette restriction comme contraire aux droits des députés et des pairs du royaume.

Les professeurs qui n'avaient pas encore leur nomination définitive furent révoqués.

Il fut déterminé qu'à l'avenir on devrait ouvrir des concours avec épreuves publiques pour pourvoir à toutes les places de profssseurs lesquels auraient les traitements annuels ci-dessous indiqués. [1]

---

[1] 1$000 réis équivalent à 5fr. 55.

Professeurs de dessin géométrique, de dessin d'ornement et de modelage, de langue anglaise et de langue allemande: [1]

Réis

traitement fixe. . . . . 55o$000

indemnité pour exercice de fonctions... . . . . 25o$000

Professeurs des autres cours:

traitement fixe. . . . . 6oo$000

indemnité appliquée à l'exercice des fonctions. . . . . 3oo$000

Si les professeurs remplissaient un autre emploi rétribué par l'État, ils ne percevaient qu'une indemnité affectée à l'exercice de l'enseignement de 4oo$000 réis, pour le premier groupe, et de 5oo$000 réis pour le second groupe.

L'indemnité, pour exercice de fonctions, accordée à tout professeur remplaçant un autre, était de 25o$000 ou de 3oo$000 réis suivant les matières.

Il était réservé au gouvernement la faculté de contracter du personnel à l'étranger; il lui était accordé aussi l'autorisation de charger provisoirement des leçons d'un cours quelconque, à défaut de professeur titulaire, une personne avec la capacité voulue, devant toutefois donner la préférence au professeur d'une autre école.

Furent supprimées les charges de contrôleur, de conservateur, de directeur et de sous-directeur de l'école d'instruments de précision ainsi qu'une place de commis et on réduisit de deux le nombre des surveillants et de trois celui des garçons.

On changea les proportions existantes entre les appointements fixes et les indemnités pour exercice de fonctions en diminuant les premiers et on occasionnant ainsi un grave préjudice pour ce personnel dans le cas de maladie ou d'invalidité.

Le service du contrôleur passa à être rempli par un simple agent comptable avec des appointements inférieurs.

La direction supérieure de l'atelier d'instruments de précision fut dévolue au directeur de l'Institut [2] et celle des autres ateliers resta à la charge des professeurs.

En dehors des ateliers d'instruments de précision, et d'ouvrages en bois et en fer, déjà mentionnés il devait exister, à l'Institut, des cabinets de physique, de mécanique, de matériaux de construction, de métallurgie, d'art de mines, et de physique appliquée à l'industrie ayant tous des laboratoires annexes; des cabinets de géométrie descriptive, de topographie, de botanique et de zoologie industrielles; des cabinets de minéra-

Employés.

Établissements et installations annexes.

---

[1] Le cours de langue française fut supprimé.

[2] Par le décret de 1893, la direction de l'atelier d'instruments de précision fut confiée au chef de travaux et l'agent comptable fut élevé au rang de chef de service avec le traitement de contrôleur.

logie, de zoologie, de dessin et de modelage ; des cabinets de constructions civiles, de mécanique et de géographie ; des laboratoires de chimie et d'industries chimiques ; un musée et un laboratoire pour l'étude de produits de commerce ; un bureau de commerce et une bibliothèque.

A l'exception des ateliers de charpenterie et de serrurerie, tous les autres établissements et les autres installations existaient déjà à l'Institut, quelques-unes ayant cependant des désignations différentes.

Malheureusement le musée de technologie, qui avait été l'objet de tant de soins du professeur Fonseca Benevides, fut supprimé, les collections en étant réparties dans les divers cabinets.

Résultats de l'organisation de 1891. Visant exclusivement à une réduction de dépense dans une branche de service si essentielle à la prospérité du pays, l'organisation de 1891 ne fut pas bien reçue par l'opinion publique.

En effet, il était de la plus haute importance de répandre et de faire avancer l'enseignement technique comme un précieux élément de progrès matériel à opposer à la crise économique et financière qui sévissait alors dans le pays.

Le décret de 1891 eut donc un accueil tout opposé à celui qu' avait reçu le plan d'études 1886, il fut cause de graves inconvénients et provoqua des réclamations des élèves et des professeurs.

Cer derniers, réunis en conseil, décidèrent à l'unanimité d'adresser, immédiatement, aux pouvoirs publics une exposition signalant les défauts de la réforme décrétée.

Cette exposition, portant la date du 14 décembre 1891, fut imprimée et distribuée au public.

De plus le conseil de l'école fit des instances pour obtenir la révision du nouveau plan d'études industrielles et commerciales, auprès du vicomte de Chancelleiros lequel venait de succéder, dans le portefeuille des travaux publics, au ministre qui l'avait promulgué.

Par arrêté ministériel du 13 février 1892, le conseil de l'école fut chargé de soumettre au gouvernement un projet de réorganisation des services de l'Institut devant satisfaire à la condition de n'y apporter aucune augmentation de dépenses.

Le conseil s'acquitta de cette mission le 21 juillet de la même année.

Le Dr. Bernardino Machado qui avait été appelé au pouvoir à la place du Vicomte de Chancelleiros le 22 février 1893, ayant fait au commencement de cette année une visite à l'Institut, le Directeur profita de l'occasion pour appeler son attention sur le pressant besoin de modifier quelques points du décret de 1891. Le ministre ayant témoigné tout l'intérêt qu'il prenait au progrès et à la généralisation de l'enseignement, un projet, à cet effet, fut dressé par le directeur de l'Institut d'accord avec le conseil de l'école et remis au gouvernement le 27 mars 1893.

Dans le rapport du Directeur de l'Institut, relatif à l'année scolaire 1891-1892, la première où l'on mit à exécution cette réforme, il fut montré au ministre les inconvénients qui en étaient résultés pour l'enseignement. Il y en eut tant et ils furent tels que cette période fut appelée par l'éminent auteur du rapport *annus confusionis* dans les annales de l'Institut [1].

Les dispositions du décret du 25 janvier 1893 et d'autres résolutions des pouvoirs publics, mentionnées plus haut, firent disparaître en partie, ces difficultés, mais le conseil de l'école ne cessa pas de demander d'autres mesures pour améliorer les conditions de l'enseignement.

Le 9 mai 1898 le conseil de l'école décida en dernier lieu de déléguer une commission pour solliciter respectueusement du ministre des travaux publics une décision sur les propositions des rapports qu'il lui avait adressés.

Cette commission était composée du directeur de l'Institut, le professeur Benevides, du professeur Rodrigo Pequito, desquels il a déjà été parlé, et du vénérable professeur d'économie politique de l'Institut et de l'École Polytechnique de Lisbonne, le Dr. Luiz d'Almeida e Albuquerque, le doyen des professeurs d'instruction supérieure en Portugal où pendant plus de cinquante ans, il a exercé brillamment et d'une manière fructifiante le professorat.

Le ministre reçut cette commission le 13 du même mois et promit de prendre en considération les demandes du conseil de l'école. En effet, peu de temps après, le 30 juillet 1898 il fut décrété une nouvelle organisation, actuellement (1900) en vigueur qui va être l'objet de la troisième partie du présent mémoire.

---

[1] Le nombre total d'élèves inscrits, et celui de nouveaux élèves, qui avait été, en 1890-1891, respectivement de 1962 et de 319, tomba à 1355 et 36 en 1891-1892. De ce dernier nombre, il n'y en avait que 11 avec les examens des études préparatoires passés aux lycées, 2 avec ceux du cours de premier degré et 1 avec le cours de second degré de l'école normale; de 35 individus qui se présentèrent aux examens d'admission à l'Institut, seulement deux furent reçus malgré toute l'indulgence des examinateurs; après cela on admit 18 élèves libres en les dispensant des examens des études préparatoires.

Les dispositions du décret de 1891 permirent à des élèves de se faire inscrire au cours de mécanique sans posséder les plus simples notions d'arithmétique et de géométrie et à beaucoup d'autres de suivre le cours d'économie politique sans avoir l'instruction préparatoire et le développement intellectuel nécessaires pour profiter des leçons.

Il y eut l'adjonction de 6 professeurs et de 13 agents et la révocation de 3 professeurs et de deux agents. Un des professeurs destitués fut réadmis par arrêté ministériel du 18 janvier 1892.

PARTIE III

---

*Organisation actuelle de l'enseignement industriel et commercial
de Lisbonne*

CHAPITRE I

Composition des cours et régime des études

Cours

Par la loi du 3 septembre 1897, les chambres autorisèrent, encore Decrét organique. une fois, le gouvernement à réorganiser les services publics en y apportant toute l'économie possible.

Le gouvernement, dont était ministre des travaux publics le conseiller Augusto José da Cunha, professeur de l'École polytechnique et de l'Institut agronomique et vétérinaire, usant de cette faculté, décréta, le 3o juin 1898, l'organisation actuelle de l'Institut industriel et commercial de Lisbonne.

L'enseignement y professé est classé comme suit:

Commerce, cours supérieur et cours secondaire d'études; [1]

Industrie, cours d'études d'arts chimiques, d'électrotechnie, de mécanique de constructions civiles et de travaux publics, d'exploitation de mines, de télégraphie et cours industriel supérieur.

------

[1] Le cours élémentaire d'études de commerce ne fut pas rétabli, car, depuis 1894, École élémentaire de commerce. il était professé à Lisbonne sous les auspices de la Chambre de Commerce et d'Industrie à laquelle avaient été transmis et les subsides et les charges de l'ancienne Association Commerciale de Lisbonne.

Cette association avait demandé au gouvernement la concession d'un revenu pour établir une école de commerce ce qui lui fut accordé par arrêté ministériel du 28 octobre 1893.

Cette association fut supprimée peu de temps après, le 31 janvier 1894, et on établit l'École élémentaire de commerce en l'incorporant à l'École industrielle «Rodrigues Sampaio».

Transférée, par arrêté ministériel du 28 juillet 1895, à la Chambre de Commerce et d'Industrie, celle-ci prépara pour son école élémentaire un règlement qui fut approuvé par arrêté ministériel du 1.er septembre de la même année.

L'École élémentaire de commerce de Lisbonne fut réorganisée par le décret du 14 décembre 1897. D'après le nouve au plan d'études il y a les cours suivants:

L'enseignement théorique comprend les cours suivants ;

1.º algèbre, géométrie dans l'espace, trigonométrie rectiligne ;

2.º algèbre supérieure, géométrie analytique, calcul infinitésimal;

3.º géométrie descriptive et application de cette science, topographie ;

4.º (première partie), mécanique; (deuxième partie), matériaux de construction, résistance des matériaux, résistance appliquée ;

5.º (première partie), physique expérimentale ; (deuxième partie), physique industrielle ;

6.º (première partie), chimie générale et industrielle ; (deuxième partie), analyse chimique.

7.º (première partie), botanique industrielle ; (troisième partie), hygiène générale et coloniale, prophylaxie internationale ;

8.º (première partie), minéralogie ; (deuxième partie), géologie ;

9.º (première partie), procédés généraux de construction, constructions civiles ; (deuxième partie), routes, chemins de fer, travaux d'art ;

10.º (première partie), hydraulique et applications de cette science (deuxième partie), rivières et canaux, ports de mer ;

11.º (première partie), métallurgie, législation des mines ; (deuxième partie), exploitation des mines, topographie souterraine ;

12.º (première partie), machines, *1.ère année;* (deuxième partie), machines, *2.e année;*

13.º (première partie), électrotechnie,—*mesures, générateurs et transformateurs d'électricité;*—(deuxième partie), électrotechnie,—*télégra-*

1.º langue portugaise ;

2.º langue française ;

3.º (première partie), arithmétique pratique et principes de géométrie ; (deuxième partie), éléments des sciences naturelles ;

4.º notions générales de commerce, comptabilité et calcul commercial ;

5.º (première partie), chorographie de Portugal et de ses colonies, étude élémentaire de géographie générale et d'histoire portugaise, géographie commerciale et aperçu de l'histoire du commerce ; (deuxième partie) connaissances générales d'économie politique et de législation commerciale et industrielle, transports.

Ces matières forment un cours d'études de trois ans et sont enseignées par six professeurs nommés et rétribués par l'État, les leçons desquels ont lieu le soir.

La direction technique et disciplinaire de l'école, incombe à l'inspecteur des écoles industrielles de la circonscription du sud.

La Chambre de Commerce et d'Industrie de Lisbonne reçoit en outre une subvention annuelle de 1:5oo$ooo réis (8.333^{fr.} 33) pour les appointements du personnel subalterne et des sous-ordres et pour l'acquisition de matériel et d'articles destinés à l'école. Présentement cette corporation n'a aucune autre recette en dehors de la contribution des associés.

Sont applicables à l'École élémentaire de commerce de Lisbonne, les dispositions du décret organique et du décret réglementaire du 14 décembre 1897 des écoles industrielles et de dessin industriel, pour ce qui est des professeurs, de l'enseignement et de la direction technique et disciplinaire.

Pour l'inscription dans la section commerciale de l'Institut industriel et commercial de Lisbonne et de Porto, étaient dispensés de l'examen d'admission les individus qui avaient achevé le cours élémentaire d'études de commerce, mais cette prescription a été abrogée par le décret organique de l'Institut de Lisbonne, du 3o juin 1898.

phie et téléphonie; — (troisième partie), électrotechnie —*autres applications de l'électricité;*

14.º (première partie), industries chimiques, appareils et procédés appliqués aux essais, *1.ère année;* (deuxième partie), ibid, *2.e année;*

15.º (première partie), géographie commerciale et histoire du commerce universel; (deuxième partie), géographie commerciale et histoire du commerce de Portugal et de ses colonies, émigration et colonisation; (troisième partie), armements maritimes, industries de la mer;

16.º économie politique, principes de droit civil et administratif, législation industrielle;

17.º (première partie), comptabilité et opérations de commerce, — *1.ère année; —* (deuxième partie), ibid, —*2.e année* —institutions commerciales;

18.º (première partie), calcul appliqué aux opérations financières, — *1.ère année; —* (deuxième partie), ibid, —*2.e année;*

19.º (première partie), droit commercial; (deuxième partie), droit maritime et international, législation consulaire;

20.º (première partie), produits de commerce; (deuxième partie), législation fiscale;

21.º (première partie), dessin rigoureux; (deuxième partie), dessin d'ornement, modelage, — *1.ère année; —* (troisième partie), ibid, — *2.e année;*

22.º (première partie), dessin topographique et architectonique; (deuxième partie), dessin d'architecture et de machines; (troisième partie), dessin de machines et de coupes, plans de mines;

23.º (première partie), langue anglaise, — *1.ère année; —* (deuxième partie), ibid, —*2.e année.*

Les cours d'études comprenaient les matières indiquées ci-dessous.

Cours supérieur d'études de commerce:

PREMIÈRE ANNÉE, cours, 5.º *(première partie),* 7.º *(première partie)* et 22.º cours, *(première partie);*

DEUXIÈME ANNÉE, 2.e cours, 6.º, *(première partie),* 7.º, *(deuxième partie),* 15.º, *(première partie)* et 23.º cours, *(deuxième partie);*

TROISIÈME ANNÉE, 6.e cours, *(deuxième partie),* 7.º, *(troisième partie),* 15.º, *(deuxième partie),* 16.e cours et 24.º, *(première partie);*

QUATRIÈME ANNÉE,, 17.e cours, *(première partie),* 18.º, *(première partie),* 19.º, *(première partie),* 20.º, *(première partie),* et 24.º, *(deuxième partie);*

CINQUIÈME ANNÉE, 15.e cours *(troisième partie),* 17.º, *(deuxième partie),* 18.º, *deuxième partie),* 19.º, *(deuxième partie),* et 20,º *(deuxième partie).*

Cours secondaire d'études de commerce:

PREMIÈRE ANNÉE, 1.er cours, 5.e *(première partie)* et 23.º cours, *(première partie);*

Deuxième année, 6.ᵉ cours, *(première partie)*, 15.ᵉ, *(première partie)*, 16.ᵃ cours et 23.ᵉ, *(deuxième partie)*;

Troisième année, 15.ᵉ cours, *(deuxième partie)*; 17.ᵉ, *(première partie)* et 19.ᵉ cours, *(première partie)*.

Cours d'arts chimiques :

Première année, 1.ᵉʳ cours, 5.ᵉ *(première partie)*, 6.ᵉ *(première partie)*, 21.ᵉ, *(première partie)* et 23.ᵉ cours, *(première partie)*;

Deuxième année, 5.ᵉ cours, *(deuxième partie)*, 6.ᵉ, *(deuxième partie)*, 7.ᵉ, *(première et deuxième partie)*, 21.ᵉ *(deuxième partie)* et 23.ᵉ cours, *(deuxième partie)*;

Troisième année, 8.ᵉ cours, 13.ᵉ, *(première partie)*, 14.ᵉ, *(première partie)*, 21.ᵉ, *(troisième partie)* et 24.ᵉ cours, *(deuxième partie)*;

Quatrième année, 7.ᵉ cours, *(troisième partie)*, 11.ᵉ, *(métallurgie)*, 14.ᵉ, *(deuxième partie)*, 20.ᵉ, *(première partie)*, et 24.ᵉ cours, *(deuxième partie)*.

Cours d'études d'électrotechnie :

Première année, 1.ᵉʳ cours, 5.ᵉ, *(première partie)*, 6.ᵉ, *(première partie)*, 21.ᵉ, *(première partie)* et 23.ᵉ cours *(première partie)*;

Deuxième année, 2.ᵉ cours, 5.ᵉ *(deuxième partie)*, 6.ᵉ, *deuxième partie)*, 21.ᵉ, *(deuxième partie)* et 23.ᵉ, *(deuxième partie)*;

Troisième année, 3.ᵉ cours, *(topographie)*, 4.ᵉ, *(première partie)*, 8.ᵉ, *(première et deuxième partie)*, 13.ᵉ, *(première partie)*, 21.ᵉ *(troisième partie)* et 24.ᵉ cours, *(deuxième partie)*.

Cours d'études de machines :

Première année, 1.ᵉʳ cours, 5.ᵉ, *(première partie)*, 6.ᵉ *(première partie)*, 21.ᵉ, *(première partie)* et 23.ᵉ cours, *(première partie)*;

Deuxième année, 2.ᵉ cours, 5.ᵉ, *(deuxième partie)*, 7.ᵉ, *(première partie)*, 21.ᵉ *(deuxième partie)* et 23.ᵉ cours, *(deuxième partie)*;

Troisième année, 3.ᵉ cours, 4.ᵉ, *(première partie)*, 7.ᵉ, *(deuxième partie)*, 8.ᵉ, *(première partie)*, 9.ᵉ, *(procédés généraux de construction)*, 12.ᵉ, *(première partie)*, et 22.ᵉ cours, *(dessin de machines)*;

Quatrième année, 4.ᵉ cours, *(deuxième partie)*, 7.ᵉ, *(troisième partie)*, 8.ᵉ, *(deuxième partie)*, 10.ᵉ, *(première partie)*, 12.ᵉ, *(deuxième partie)* et 22.ᵉ cours, *(dessin de machines)*.

Cours d'études de constructions civiles et de travaux publics :

Première année, 1.ᵉʳ cours, 5.ᵉ, *(première partie)*, 6.ᵉ, *(première partie)*, 21.ᵉ, *(première partie)* et 23.ᵉ cours, *(première partie)*;

Deuxième année, 2.ᵉ cours, 3.ᵉ, 4.ᵉ, *(première partie)*, 21.ᵉ, *(deuxième partie)*, 22.ᵉ, *(première partie)* et 23.ᵉ, *(deuxième partie)*;

Troisième partie, 4.ᵉ cours, *(deuxième partie)*, 8.ᵉ, *(première partie)*, 9.ᵉ, *(première partie)*, 10.ᵉ, *(première partie)*, 21.ᵉ, *(troisième partie)* et 22.ᵉ cours, *(deuxième partie)*;

Quatrième année, 7.ᵉ cours, 8.ᵉ, *(deuxième partie)*, 9.ᵉ, *(deuxième partie)*, 10.ᵉ, *(deuxième partie)* et 22.ᵉ cours, *(troisième partie)*.

Cours d'études de mines :

Première année, 1.ᵉʳ cours, 5.ᵉ *(première partie)*, 6.ᵉ, *(première partie)*, 21.ᵉ, *(première partie)* et 23.ᵉ cours, *(première partie)*;

Deuxième année, 2.ᵉ cours, 6.ᵉ, *(deuxième partie)*, 8.ᵉ, *(première partie)*, 21.ᵉ, *(deuxième partie)* et 23.ᵉ cours, *(deuxième partie)*;

Troisième année, 3.ᵉ cours, 4.ᵉ *(première partie)*, 8.ᵉ *(deuxième partie)*, 11.ᵉ, *(première partie)*, 21.ᵉ, *(troisième partie)* et 22.ᵉ cours, *(deuxième partie)*;

Quatrième année, 4.ᵉ cours, *(deuxième partie)*, 7.ᵉ, 9.ᵉ, *(première partie)*, 10.ᵉ *(première partie)*, 11.ᵉ, *(deuxième partie)* et 22.ᵉ cours, *(troisième partie)*.

Cours d'études de télégraphie :

Première année, 1.ᵉʳ cours, 5.ᵉ, *(première partie)*, 21.ᵉ, *(première partie)* et 23.ᵉ *(première partie)*;

Deuxième année, 2.ᵉ cours, 4.ᵉ, *(première partie)*, 5.ᵉ, *(deuxième partie)*, 13.ᵉ, *(première partie)* et 23.ᵉ cours, *(deuxième partie)*;

Troisième année, 3.ᵉ cours, *(topopraphie)*, 4.ᵉ, *(deuxième partie)*, 13.ᵉ, *(deuxième partie)* et 22.ᵉ cours, *(dessin topographique)*.

Cours supérieur d'études industrielles :[1]

Première année, 1.ᵉʳ cours, 5.ᵉ, *(première partie)*, 7.ᵉ, *(première partie)*, 21.ᵉ, *(première partie)* et 23.ᵉ cours, *(première partie)*;

Deuxième année, 2.ᵉ cours, 5.ᵉ, *(deuxième partie)*, 6.ᵉ, *(première partie)*, 7.ᵉ, *(première partie)*, 21.ᵉ, *(deuxième partie)* et 23.ᵉ cours, *(deuxième partie)*;

Troisième année, 3.ᵉ cours, 4.ᵉ, *(première partie)*, 6.ᵉ, *(deuxième partie)*, 8.ᵉ, *(première partie)*, 21.ᵉ, *(troisième partie)*, 22.ᵉ, *(première partie)* et 24.ᵉ cours, *(première partie)*;

Quatrième année, 4.ᵉ cours, *(deuxième partie)*, 8.ᵉ, *(deuxième partie)*, 9.ᵉ, *(première partie)*, 12.ᵉ, *(première partie)*, 12.ᵉ, *(première partie)*, 13.ᵉ, *(première partie)*, 22.ᵉ, *(deuxième partie)*;

Cinquième année, 7.ᵉ cours, *(troisième partie)*, 10.ᵉ, *(première partie)*, 11.ᵉ, *(première partie)*, 12.ᵉ, *(deuxième partie)*, 13.ᵉ, *(deuxième partie)*, 14.ᵉ, *(première partie)* et 22.ᵉ cours, *(deuxième partie)*;

---

[1] L'organisation de ce cours d'études est celle que contient le projet de règlement soumis par le conseil à l'approbation du gouvernement, le 24 avril 1899.

Sixième année, 9.ᵉ cours, *(deuxième partie)*, 10.ᵉ, *(deuxième partie)*, 11.ᵉ, *(deuxième partie)*, 13.ᵉ, *(troisième partie)*, 14.ᵉ, *(deuxième partie)*, 16.ᵉ cours et 20.ᵉ, *(première partie)*.

La composition de chaque cours d'études et la distribution des matières par les diverses chaires, pourront, sur la proposition du conseil de l'école, subir les modifications que l'expérience et les conditions de l'enseignement montreront utiles.

A l'examen du plan d'études adopté, on reconnaît qu'il a été tenu compte, autant que possible, des spécialités d'enseignement dans les cours industriels secondaires et qu'on a fait entrer dans la troisième et la quatrième année de ceux-ci les matières les plus importantes de la section industrielle.

Organisation de l'enseignement

Enseignement théorique et pratique. Dans chaque cours, il y a l'enseignement théorique et l'enseignement pratique.

Leçons. L'enseignement théorique consiste dans les leçons qui durent six heures par semaine, pour chaque cours complet, accompagnées autant que possible, de démonstrations de travaux professionnels et d'exercices, permettant aux élèves d'acquérir l'aptitude voulue.

Dans les cours divisés en parties, le temps est partagé également entre celles-ci, sauf pour le 5.ᵉ, le 8.ᵉ et le 10.ᵉ cours où il est destiné deux tiers du temps à la première partie du cours et un tiers à la seconde.

Pour le dessin, les élèves suivent les parties qui conviennent à la spécialité du cours d'études qu'ils ont choisi.

Dans chaque leçon le professeur expose, avec les développements voulus, une partie de la matière, ses explications étant accompagnées d'expériences et de deux démonstrations, les élèves sont tenus de satisfaire aux questions du professeur toutes les fois qu'il veut les interroger sur le sujet de la leçon précédente.

Répétitions, mémoires et dissertations. Après un certain nombre de leçons, il y a des répétitions de la matière enseignée sur laquelle les élèves peuvent être appelés à répondre, à écrire des mémoires et des dissertations.

Examens partiels. Outre les exercices susdits, les élèves de chaque cours doivent subir des examens partiels avec épreuves orales ou écrites portant sur les matières étudiées pendant deux périodes de l'année.

Travaux pratiques. L'enseignement pratique qui a la plus grande étendue possible, accompagne ou suit l'enseignement théorique.

Selon la nature des matières, les élèves le reçoivent:

a) au bureau de commerce, ou dans des salles d'études, des cabinets, des laboratoires, des musées et des ateliers installés à l'Institut;

b) dans des usines de l'État et des établissements industriels appartenant à des particuliers;

c) dans des travaux sur le terrain, des ouvrages de l'État et des constructions diverses, dans des visites aux navires, aux bureaux et aux entrepôts de la douane et à d'autres établissemets publics et particuliers.

La pratique des langues étrangères consiste dans des exercices de rédaction et de conversation qui durent jusqu'à la dernière année du cours. *Pratique des langues.*

Les travaux manuels dans les ateliers sont obligatoires pour les élèves de la première et de la deuxième année des cours industriels, qui ne peuvent se faire inscrire dans les matières de la troisième année sans avoir rempli cette condition. *Travaux manuels.*

Les travaux professionnels sont exécutés dans les deux dernières années des cours. *Travaux professionnels.*

Les élèves en achevant un cours industriel, à l'exception de celui de télégraphie, sont tenus de faire un stage de six mois dans des ateliers de l'État ou dans des établissements particuliers de la spécialité de leurs cours d'études. *Apprentissage.*

Les élèves du cours de télégraphie font leur apprentissage dans les stations et les bureaux dépendants de la direction générale des postes et des télégraphes et ils ne peuvent obtenir le diplôme du cours sans prouver qu'ils se sont suffisamment exercés dans la manipulation des appareils télégraphiques usuels.

L'apprentissage est soumis au contrôle de professeurs nommés à cet effet par le conseil de l'école et aux indications que donne celui-ci d'accord avec les directeurs des établissements où il a lieu.

Le diplôme d'un cours d'études ne peut être délivré qu'à l'élève qui a complété d'une manière satisfaisante son apprentissage.

Les exercices pratiques du bureau ont pour objet de mettre les élèves des cours d'études commerciales au courant du service d'une maison de commerce. Ils y apprennent la nature et l'usage des divers documents de commerce et s'y exercent dans le calcul appliqué aux opérations commerciales et financières et dans les différentes branches de comptabilité concernant les marchandises, les entreprises de navigation, les affaires de banque, de compagnies d'assurances et autres. *Exercices du bureau de commerce.*

Sont tenus de suivre les exercices du bureau de commerce les élèves de la dernière année du cours secondaire de commerce et ceux de la 3.ᵉ, de la 4.ᵉ et de la 5.ᵉ année du cours supérieur.

Les exercices de la troisième année de ce cours consistent dans la répétition des études préparatoires pour les matières du 17.ᵉ et du 18.ᵉ cours.

Tous les ans, le gouvernement doit arrêter, sur la proposition du conseil, les programmes des matières de chaque cours tant pour la partie théorique que pratique et les horaires de tous les services scolaires. *Programme des études et horaires.*

Pendant les mois de juin et de juillet il y a dans chaque cours, ou partie complète de cours, une épreuve finale à laquelle ne sont admis que les élèves convenablement préparés pour la subir. *Examens de fin d'année.*

A cet effet ils sont classés suivant leur assiduité et les résultats des épreuves d'avancement.

Il y a un service supplémentaire d'examens dans le courant du mois d'octobre auxquels peuvent se présen er les élèves qui ont été empêchés de comparaître à l'époque ordinaire pour motif de maladie ou de force majeure dûment prouvée [1].

Il y a des prix et des accesits dans chaque cours de matières ou partie complète de cours pour les élèves qui les ont suivis avec distinction.

Les prix ne peuvent être accordés qu'aux élèves ayant obtenu une bonne classification dans les examens de fin d'année et doivent être proposés au conseil de l'école par le professeur du cours.

Dans la concession des prix pécuniaires et des mentions honorables, il est tenu compte, tout particulièrement des travaux pratiques exécutés pendant l'année.

La somme affectée chaque année aux prix pécuniaires est constituée par les taxes perçues pour l'inscription dans les cours l'année précédente.

En 1898-1899 cette somme s'est élevée à 294$200 réis (1.634[fr].44).

En dehors des accessits et des prix officiels de l'Institut, il est conféré aussi aux élèves du cours d'exploitation de mines et du cours d'électrotechnie les prix *Saraiva de Carvalho* dont mention est faite à la page 58.

ÉLÈVES

Il y a deux classes d'élèves [2] :

a) les *réguliers,* ceux qui suivent les cours suivant l'ordre prescrit (voir pag. 91 à 94), qui se font inscrire dans tous les cours de leur année, et qui ont été reçus dans toutes les épreuves finales de l'année précédente ou dans les études exigées, comme préparatoires, pour l'inscription dans la première année ;

b) les *libres* ceux qui ne suivent pas l'ordre indiqué dans les programmes tout en tenant compte de la dépendance existant entre les diverses matières et prévue dans les règlements.

Les conditions exigées pour la première inscription dans les cours de l'Institut, soit comme élève régulier soit comme élève libre, sont les suivantes :

1.º N'avoir aucune maladie contagieuse;

2.º Avoir été reçu dans l'examen d'admission aux lycées nationaux;

---

[1] Il a été prescrit que l'on n'admettrait pas aux épreuves finales des individus n'ayant pas suivi les cours. A ce sujet le rapport ministériel qui précède le décret du 30 juin 1898 fait remarquer que l'enseignement technique étant essentiellement pratique, celui-ci doit être accompagné d'exercices, de visites, d'excursions, etc., et que l'admission aux épreuves finales d'individus n'appartenent pas au cours va à l'encontre de la condition fondamentale, exigée dans l'instruction professionnelle.

[2] On a supprimé l'ancienne classe d'élèves dites d'*admis* tout en respectant les droits de ceux qui se trouvaient déjà inscrits en vertu de l'ancienne organisation.

Le rapport ministériel précité constate que l'expérience a montré combien cette classe d'élèves entravait la bonne marche des études.

La concession faite à ces élèves non seulement retardait la suite des leçons mais, loin d'être un avantage pour eux comme on pourrait le croire, elle les empêchait de profiter des leçons en permettant qu'ils s'inscrivissent dans les cours sans la préparation voulue.

3.⁰ Avoir passé avec succès dans une école officielle quelconque les examens de langue portugaise et de langue française, de géographie, d'histoire, d'arithmétique et de géométrie plane, de principes de physique et de chimie, d'histoire naturelle élémentaire et de dessin géométrique.

Aussitôt que les lois actuelles concernant l'instruction secondaire seront en pleine exécution, on admettra aussi à la première inscription pour les cours de l'Institut les individus reçus dans l'examen de la cinquième année des lycées nationaux et centraux [1].

Pendant un délai de cinq années scolaires, depuis 1898-1899, les individus désirant se faire inscrire dans les cours de l'Institut sans avoir passé avec succès tous les examens d'instruction secondaire ci-dessus mentionnés auront à subir dans cet établissement même les examens manquant sur les matières en question. *(Examen d'admission.)*

Cet examen n'est valable que pour l'admission à l'Institut et il n'en est pas délivré de certificat.

Les élèves réguliers qui se font inscrire dans des chaires communes à plus d'un cours d'études, doivent déclarer quel est celui qu'ils suivent.

A l'occasion de signer le registre d'inscription, les élèves payent 200 réis pour chaque cours ou partie indépendante de cours où ils se font inscrire. Cette recette est appliquée à des prix pour les élèves, comme il est dit plus haut. *(Taxes peçues pour l'inscription dans les cours pour les certificats d'examens et les diplômes de cours d'études.)*

---

[1] Officiellement, en Portugal, l'instruction secondaire est professée ou dans des lycées nationaux centraux ou dans des lycées nationaux. *(Instruction secondaire en Portugal.)*

Les premiers se trouvent dans les sièges des districts de Lisbonne, de Porto, de Coimbre, de Braga, d'Evora et de Vizeu.

Dans le siège de chacun des autres districts administratifs, à la ville de Lamego et à Amarante, important centre de population, il existe un simple lycée national.

L'instruction secondaire se compose de deux cours d'études, le *cours général* et le *cours complémentaire.*

Le premier existe dans tous les lycées, le second n'est établi que dans les lycées centraux.

Le cours général, qui comprend cinq classes ou années contient les matières suivantes :

Langue et littérature portugaise, langues latine, française, anglaise et allemande, géographie et histoire, avec une étude détaillée de la partie concernant le Portugal, arithmétique, algèbre, géométrie plane, éléments d'histoire naturelle, de physique, de chimie et de dessin.

Le cours complémentaire se compose de deux années ou classes dans lesquelles il est enseigné la langue et la littérature portugaise, la langue latine et l'allemande, la géographie et l'histoire, l'algèbre, la géométrie dans l'espace, la trigonométrie plane, les éléments de cosmographie, la physique, la chimie, l'histoire naturelle et la philosophie.

L'organisation actuelle de l'enseignement secondaire a été décrétée le 22 décembre 1894, réglementée par acte du 14 août 1895, et mise à exécution dans l'année scolaire 1895-1896.

Il existe aussi à Luz tout près de Lisbonne, un établissement officiel nommé *Real Collegio Militar* (Collège Militaire Royal) destiné spécialement aux fils des officiers de l'armée et de la marine, mais recevant aussi d'autres enfants. Il y est professé un cours semblable aux deux cours, général et complémentaire, des lycées centraux et on y enseigne aux élèves les exercices militaires, l'escrime, l'équitation et la gymnastique.

Pour les certificats d'examens ou autres certificats et pour les diplômes de cours d'études il est perçu la somme indiquée dans le tarif suivant: [1]

Pièces	Taxe	Impôts additionnels	Droits de timbre	Total
Diplôme du cours supérieur d'études de commerce et du cours supérieur industriel...............	10$000	$600	10$000	20$600
Diplôme d'un cours industriel et du cours secondaire de commerce.....	5$000	$300	10$000	15$300
Diplôme de prix.	–$–	–$–	1$000	1$000
Certificats d'examens :				
Pour chaque examen.........	$200	$o36	$100	$336
Autres certificats :				
a) Pour la première page........	$200	$o36	$100	$336
b) Pour chacune des pages suivantes avec 25 lignes...... ..	$100	$o18	–$–	–$–
Recherches dans les registres pour chaque année non compris l'année courante...............	$o5o	–$–	–$–	–$–

Les élèves qui désirent, après avoir achevé un cours d'études en obtenir un autre sont tenus de suivre non seulement les leçons des matières
manquant pour compléter le nouveau cours mais encore tous les travaux,
tant théoriques que pratiques, des deux dernières années de celui-ci
bien qu'ils fassent partie du cours d'études déjà terminé.

Peines disciplinaires. Les punitions dont sont passibles les élèves sont les suivantes :
    avis particulier;
    blâme inscrit sur le registre;
    exclusion temporaire;
    renvoi définitif.

L'avis particulier, la censure inscrite et l'exclusion jusqu'à huit jours
sont du ressort du directeur.

L'exclusion pour plus de huit jours et le renvoi définitif sont prononcés par le conseil après avoir entendu l'inculpé.

L'application de la peine de renvoi définitif doit cependant être con-
firmée par le ministre.

Les peines disciplinaires infligées aux élèves ne les exemptent pas
des responsabilités encourues vis-à-vis du pouvoir judiciaire aux termes
des lois pénales.

Avantages inhérents
aux cours d'études. Les cours d'études pour constructions civiles, travaux publics, mines
et télégraphes permettent l'admission, dans les cadres de conducteurs de
travaux publics, de conducteurs de mines et d'employés des télégraphes
dépendants du ministère des travaux publics, du commerce et de l'industrie conformément à ce qui est établi dans l'organisation de ces services.

---

[1] 1$000 réis équivalent à 5[fr.]555.

Les autres cours industriels donnent la préférence pour les places des établissements de l'État où l'on exécute les travaux de chacune des spécialités correspondantes.

Le cours supérieur industriel l'emporte pour tous les emplois auxquels on peut concourir avec un cours d'études industrielles.

Le cours supérieur de commerce permet de se présenter comme candidat aux places prévues dans les lois précédentes et, nommément, à celles de vérificateur de douane, de chef de service au ministère des affaires étrangères et de secrétaire de légation de deuxième classe et de consul de première classe.

Les avantages attachés aux cours industriels et consignés dans de précédentes organisations ne sont jamais devenus effectifs, ces prescriptions légales étant souvent éludées dans le choix de personnel pour les services de l'État.

Il résulte de ceci que le nombre d'élèves qui suivent les cours industriels est relativement réduit et qu'on préfère naturellement d'autres cours assurant un placement immédiat dans les services publics, ou préparant pour les carrières dans lesquelles on s'emploie plus facilement, comme il arrive par rapport aux cours d'études de commerce.

CHAPITRE II

Personnel de l'Institut et conseils

Le directeur est choisi par le gouvernement, dans les mêmes conditions que pour les autres écoles supérieures du pays [1] et il exerce en commission sa charge à laquelle est attribuée une indemnité de 300$000 réis (1.666^{fr} 66).

(marginal: Directeur et professeurs.)

Il incombe au directeur: la surintendance et le contrôle de tous les services de l'Institut; la convocation et la présidence du conseil de l'école, du conseil administratif et du jury de tous les concours pour les places de l'Institut, ainsi que l'exécution de leurs délibérations; la concession de permissions d'absence, jusqu'à huit jours, pour le personnel administratif et subalterne de l'Institut; l'adoption, dans les cas imprévus et pressants, des mesures exigées par les circonstances, celles-ci devant être communiquées au conseil; la confection d'un rapport annuel sur le mouvement scolaire technique et économique de l'établissement pour être remis au gouvernement.

Quand le directeur est absent ou empêché, ses fonctions sont remplies par le plus ancien des professeurs de première classe en exercice.

(marginal: Remplacement.)

Il y a un professeur de première classe *(lente)* pour chacun des vingt premiers cours, un professeur de deuxième classe pour chacun des cours restants, 21.ᵉ à 24ᵉ, et un professeur adjoint pour le 17.ᵉ et le 18.ᵉ cours.

(marginal: Professeurs.)

---

[1] Dans les établissements civils d'instruction supérieure, le directeur est, en général, un professeur de l'école même ou d'un autre établissement semblable. Quant aux écoles supérieures militaires, la place de directeur est remplie ordinairement par un officier général choisi librement par le gouvernement; le directeur de l'école navale peut être un capitaine de vaisseau.

Catégories et préro-
gatives.

Les professeurs de l'Institut sont placés au même rang et jouissent des mêmes prérogatives que les professeurs titulaires des écoles supérieures ou ceux des lycées centraux suivant qu'ils sont de première ou de deuxième classe. Le professeur adjoint du 17.ᵉ et du 18.ᵉ cours est considéré comme étant de la même catégorie que ces derniers.

Traitements.

Les traitements des professeurs sont ceux qu'a établi le décret du 8 octobre 1891 (voir pag. 83).

Attributions.

Les professeurs ont à leur charge l'enseignement théorique et la direction de l'enseignement pratique et des installations de leurs cours; ils doivent prendre part au conseil de l'école et au conseil administratif, faire partie des jurys des examens de fin d'année, ainsi que des concours, et remplir toutes commissions concernant l'enseignement et les services de l'Institut dont puisse les charger le gouvernement; il leur incombe, tous les ans, de dresser et de soumettre au conseil de l'école les programmes de l'enseignement théorique et pratique et la liste des points sur lesquels doivent porter les épreuves finales.

Le professeur adjoint dirige les travaux pratiques du bureau de commerce sous la direction du professeur de 1.ᵉʳᵉ classe du 17.ᵉ et du 18.ᵉ cours.

Nominations.

Il est pourvu aux places de professeurs au moyen de concours avec épreuves publiques et présentation de pièces prouvant le mérite des candidats, aux termes du règlement.

A défaut d'individus compétents du pays on peut contracter, pour l'enseignement des langues, des étrangers de la nationalité correspondante.

Le professeur choisi par voie de concours doit d'abord remplir sa place temporairement comme préparation.

Après deux ans complets d'exercice, le conseil de l'école remet au gouvernement un rapport accompagné de renseignements du directeur proposant la nomination définitive du professeur ou l'ouverture d'un nouveau concours.

Ce rapport est ensuite soumis à l'examen du comité supérieur d'enseignement commercial et industriel (voir pag. 111).

Dans l'organisation actuelle il a été garanti aux anciens professeurs tous leurs droits, et l'ancien répétiteur des cours de comptabilité et d'opérations financières a été nommé professeur adjoint du 17.ᵉ et du 18.ᵉ cours, son ancienne place étant supprimée.

Remplacements.

Quand les professeurs sont empêchés d'exercer leurs fonctions, pour des motifs légitimes, le gouvernement, sur la proposition du conseil de l'école, nomme des personnes avec la capacité voulue pour les remplacer tout le temps que dure leur absence.

Peines disciplinaires.

Les peines disciplinaires qui peuvent être infligées aux professeurs de l'Institut sont celles établies dans la législation en vigueur pour le personnel de l'enseignement des écoles supérieures et des lycées. [1]

Dispositions disciplinaires concernant les professeurs des écoles supérieures et des lycées.

[1] A l'Université de Coïmbre, les peines applicables aux professeurs, d'après le règlement de la police académique du 25 novembre 1839, sont l'avis donné en particulier, la censure prononcée devant le secrétaire de l'Université ou le conseil de la faculté à laquelle ils appartiennent, la retenue légale sur le traitement, et la proposition

Il y est applicable la disposition indiquée ci-dessus par rapport aux punitions dont sont passibles les élèves (voir pag. 98).

PERSONNEL ASSISTANT DE L'ENSEIGNEMENT, PERSONNEL ADMINISTRATIF ET PERSONNEL SUBALTERNE

Le personnel assistant de l'enseignement se compose de cinq préparateurs, et d'un chef de travaux pour l'atelier d'instruments de précision.

Chacun des préparateurs a à sa charge un des groupes suivants de cours; 3.ᵉ, 9.ᵉ et 19.ᵉ; 4.ᵉ et 12.ᵉ; 5.ᵉ et 13.ᵉ; 6.ᵉ, 14.ᵉ et 20.ᵉ; et 7.ᵉ, 8.ᵉ et 11.ᵉ

Des préparateurs sont obligés de guider les élèves dans les travaux pratiques, de veiller à la conservation et à l'entretien du matériel d'enseignement employé dans les démonstrations dont ils sont chargés, d'être présents à tous les travaux exécutés dans les cabinets et les laboratoires du groupe de cours auquel ils sont attachés, de seconder les professeurs de première classe dans les travaux qu'ils entreprennent.

Les attributions du chef de travaux de l'atelier d'instruments de précision sont: de maintenir la discipline parmi le personnel à ses ordres;

---

adressée au ministre, soit pour suspension temporaire de fonctions, soit pour perte, d'un à trois ans, de service académique à retrancher dans le calcul du temps pour la retraite ou l'éméritat, ou enfin pour la destitution.

Dans les autres écoles supérieures, dépendantes du ministère de l'intérieur, les peines disciplinaires, suivant le décret du 20 septembre 1844, sont l'avis, le blâme et la répréhension, ou en particulier, ou en conseil de l'école.

Les peines de suspension et de démission ne peuvent être infligées sans l'avis préalable du conseil supérieur d'instruction publique aux termes de son règlement du 3 septembre 1892.

Les professeurs des autres écoles supérieures sont soumis à des dispositions disciplinaires particulières qui se rapprochent plus ou moins de celles mentionnées ci-dessus.

Aux termes du décret du 15 novembre 1836 et de la loi du 17 août 1853, il est nécessaire pour l'application de la peine de révocation un jugement préalable du pouvoir judiciaire.

Dans les écoles supérieures militaires il y a aussi un régime disciplinaire particulier.

Les peines dont sont passibles les professeurs des lycées, en conformité du règlement du 13 août 1895, consistent dans l'avis donné en particulier par le directeur du lycée, la censure prononcée par celui-ci devant le conseil de l'école, la suspension de l'exercice de fonctions officielles et le passage d'un lycée à un autre, décidés par le ministre, et la démission décrétée par le gouvernement. Ces peines doivent être graduées et appliquées suivant la gravité du cas.

Conformément à l'article 22 du décret du 29 juillet 1886, les peines de suspension, de changement de lycée et de révocation ne peuvent être appliquées sans que l'inculpé ait été appelé à se justifier et que le comité supérieur d'instruction publique ait donné son avis conforme; s'il s'agit de délits de droit commun en dehors des peines disciplinaires indiquées ci-dessus pour les infractions et les délits commis, dans l'exercice des fonctions, tous les professeurs civils sont soumis aux dispositions du code pénal ordinaire ainsi qu'aux pénalités spéciales consignées dans celui-ci pour les fonctionnaires de l'État, lesquelles sont: destitution, suspension et censure, et les professeurs militaires tombent sous l'action du code de justice militaire de l'armée et de la marine.

de distribuer le travail et de veiller à sa bonne exécution ; de proposer ce qu'il juge convenable dans l'intérêt de l'enseignement pratique et de l'atelier qu'il dirige ; de remplir tous autres services qui puissent lui être imposés par le règlement.

Nominations. — Les préparateurs sont choisis par voie de concours où il y a présentation de pièces prouvant le mérite des candidats et épreuves publiques consistant surtout dans des travaux pratiques.

Pour que la nomination, qui est d'abord provisoire, devienne définitive, les préparateurs doivent satisfaire aux conditions exigées dans le cas des professeurs (voir page 102).

Le chef de travaux est nommé par le gouvernement sur proposition du conseil de l'école.

Traitements. — Les traitements du personnel assistant de l'enseignement sont ceux établis dans le décret du 8 octobre 1891 et sont indiqués au tableau de la page 135.

Peines disc plinaires. — Les peines disciplinaires que ce personnel peut subir sont les suivantes : avis donné en particulier, répréhension verbale ou inscrite, suspension d'exercice et de traitement jusqu'à un an, démission.

L'avis est donné par le directeur, la censure est reçue du conseil de l'école et les autres peines sont infligées par le ministre des travaux publics, soit par son initiative, soit sur la proposition du directeur après avoir entendu le conseil de l'école et l'inculpé.

Est applicable à toutes ces peines l'observation faite (page 98) par rapport à celles prononcées contre les élèves.

Personnel administratif. — Le personnel administratif se compose d'un secrétaire, d'un chef de bureau, d'un chef de service, d'un premier commis et d'un second commis.

Secrétaire. — Le secrétaire dirige et surveille le mouvement du secrétariat et l'expédition de tout le service scolaire et administratif, il assiste aux séances du conseil administratif ainsi que des jurys pour les concours et en dresse les procès verbaux ; enfin il remplit et fait exécuter tous les ordres transmis par le directeur concernant l'exercice de sa charge.

Chef de bureau. — Le chef de bureau aide le secrétaire, le remplace quand il est empêché, et exerce les fonctions de bibliothécaire.

Chef de service. — Le chef de service tient les écritures, veille aux recouvrements et effectue les paiements de l'administration de l'Institut et de ses dépendances.

Commis. — Les commis exécutent les travaux du bureau tant pour la partie administrative que pour la partie scolaire suivant les ordres du secrétaire.

Nominations. — Il est pourvu aux places du personnel administratif par concours aux termes du règlement.

Personnel subalterne. — Le personnel subalterne comprend un portier chef, six surveillants, un concierge et six garçons qui sont nommés dans les conditions prescrites au règlement.

Traitements — Les traitements du personnel administratif et du subalterne sont ceux établis par le décret du 8 octobre 1891.

Peines disciplinaires. — Les peines disciplinaires qui peuvent être imposées à ce personnel sont : avis, censure verbale ou inscrite sur le registre, suspension de l'exercice des fonctions et perte de traitement jusqu'à un an, destitution.

Les deux premières peines, et celle de suspension jusqu'à huit jours, sont du ressort du directeur, la suspension pour plus de huit jours et la révocation sont prononcées par le ministre des travaux publics ou spontanément, ou sur la proposition du directeur, après avoir entendu le conseil de l'école et l'inculpé.

Les peines n'exemptent pas le délinquant de la responsabilité criminelle qu'il puisse encourir devant les tribunaux ordinaires.

CONSEIL DE L'ÉCOLE ET CONSEIL ADMINISTRATIF

Le conseil de l'école est composé par le directeur, président, et par les professeurs, les fonctions de secrétaire étant exercées par le plus moderne des professeurs de première classe. *Conseil scolaire.*

Il incombe au conseil de l'école : de dresser et de soumettre à l'approbation du gouvernement les règlements de tous les services de l'Institut, les programmes de l'enseignement théorique et pratique ainsi que des concours pour la nomination du personnel, et les horaires du service scolaire ; d'approuver le choix des livres pour les cours ; d'organiser le service d'examens de fin d'année ; de prendre des mesures provisoires, en attendant une résolution définitive du gouvernement, dans toutes les questions, non prévues par les règlements, relatives au régime des études et à la police de l'école et de ses dépendances ; d'observer et de faire remplir toutes les dispositions légales concernant l'Institut ; de proposer au gouvernement tout ce qu'il jugera convenable pour l'enseignement et pour les services de l'établissement ; d'émettre son avis dans toutes les questions sur lesquelles il puisse être consulté par le gouvernement ou par le directeur ; enfin, d'exercer toutes les autres attributions déjà mentionnées par rapport aux concours, à la nomination définitive des professeurs, à la concession de prix, etc. *Attributions.*

Le conseil de l'école se réunit toutes les fois que le directeur le juge utile et sur la détermination du governement ou sur la demande de trois professeurs de première classe. *Séances.*

Pour que la séance du conseil puisse être tenue, il faut que la majorité de ses membres, en exercice, comparaisse. A défaut de ce nombre le conseil est convoqué de nouveau et peut délibérer s'il est présent un tiers de ses membres en exercice.

Il est remis, au ministère des travaux publics, des copies en forme de procès-verbaux quand le directeur le juge utile ou quand le ministre de ce département le demande. *Procès-verbaux.*

Le conseil administratif est formé par le directeur de l'Institut et par deux professeurs de première classe, élus tous les ans par le conseil de l'école, et a, comme secrétaire, le secrétaire de l'Institut. *Conseil administratif.*

Il appartient au conseil administratif l'administration financière de l'Institut et de ses établissements annexes. *Attributions.*

CHAPITRE III

Bâtiment de l'Institut, dépendances et installations annexes

Établissements et installations annexes de l'Institut

L'Institut industriel a été installé, lors de sa fondation, et se con-serve encore aujourd'hui dans un vieil édifice avec terrains attenants, situé dans la Rua da Boa-Vista, qu'on appelait *Paço da Madeira*.

Dans l'année 1884-1885, pour permettre l'exécution de travaux dans l'immeuble, les services de l'Institut ont été transférés à l'École polytechnique d'où on les a retirés, après la clôture des cours et aussitôt les ouvrages achevés.

Le *Paço da Madeira*, autrefois dépendance de l'administration des douanes, quoique amélioré par de successives réparations et modifications, est un vieux bâtiment avec rez-de-chaussée et premier étage, aux pièces étroites, dépourvu des conditions nécessaires pour un établissement d'enseignement.

Dans les cours et dans les terrains contigus, il a été élevé d'énormes constructions provisoires en bois et en zinc pour l'installation de quelques classes, cabinets et ateliers.

L'atelier d'instruments de précision fait exception; il se trouve dans un bel édifice bâti expressément du côté sud-est de l'ancien *Paço da Madeira*.

Les dessins et les photographies, accompagnant le présent mémoire, donnent une parfaite idée de la grandeur et de la disposition du bâtiment de l'Institut et de ses dépendances.

On considère, comme dépendances de l'Institut et installations annexes, la bibliothèque, les cabinets, les laboratoires, les musées, les bureaux et les ateliers.

L'entretien de la bibliothèque est à la charge du secrétariat, et la direction des cabinets, des laboratoires, des musées et des bureaux appartient aux professeurs des cours dont dépendent ces installations.

Le contrôle technique des ateliers incombe à un comité composé de trois professeurs de première classe, élus par le conseil de l'école.

Toutes les dépendances et installations ont une dotation, ou portée au budget général de l'État, ou retirée de la somme y inscrite pour l'Institut.

Les cabinets, les laboratoires et les ateliers sont destinés spécialement aux démonstrations, aux expériences et à tous autres exercices de l'enseignement pratique des élèves. Il peut y être exécuté aussi, à des prix stipulés, des analyses, des essais et tous autres travaux demandés par les administrations de l'État et les particuliers.

Les recettes de cette provenance doivent être appliquées à l'amélioration des installations dont il s'agit.

Indication des établissements et des installations annexes de l'Institut. Présentement il y à l'Institut, outre la bibliothèque, les installations et les établissements indiqués ci-dessous.

a) Cabinets, matériel, collections de modèles et de tableaux pour l'étude des groupes de matières suivantes: géométrie descriptive, applications de cette science et topographie; mécanique et matériaux de construction; physique et zoologie industrielles; minéralogie et géologie; constructions civiles et travaux publics; hydraulique et applications de cette science; métallurgie et exploitation de mines; machines; électrotechnie et applications de cette science; industries chimiques; géographie commerciale; armements maritimes et industries de la mer; dessin et modelage.

b) Laboratoires, installations pour expériences et travaux dans chacune des branches suivantes: résistance de matériaux; chimie générale et analyse chimique; métallurgie et art de mines; électrotechnie; industries chimiques; études de produits de commerce dont le laboratoire a, comme annexe, un musée.

c) Bureau de commerce, installation comprenant deux sections qui correspondent au 17.ᵉ et au 18.ᵉ cours.

d) Ateliers, établissements annexes pour les spécialités suivantes: fabrication et réparation d'instruments de précision; préparation de modèles pour l'enseignement; pratique de travail manuel en bois et en métaux, production d'éclairage électrique.

Faute de dotation, on n'a pas ouvert les ateliers de gravure en bois et de sculpture sur métaux, annexes à l'atelier d'instruments de précision, ni celui de préparations technologiques.

Le laboratoire de la *direction d'études et d'essais de matériaux de construction,* dépendant du ministère des travaux publics, du commerce et de l'industrie, est considéré aussi comme un établissement auxiliaire de l'Institut pour l'enseignement pratique. Les travaux des élèves sont réglés par le conseil de l'école, d'accord avec le directeur du laboratoire, de façon à ne pas entraver les autres services de celui-ci.

Bibliothèque. La bibliothèque est composée de livres, de cartes, de tableaux, de collections de gravures et de journaux concernant les sciences et les arts pour être consultés par le personnel et les élèves de l'Institut ou par tous autres individus ayant l'autorisation du directeur.

Elle a 3000 ouvrages, en 12000 volumes, et se trouve installée au premier étage de l'édifice, ayant subi plusieurs changements d'emplacement qui ont beaucoup nui à son organisation aujourd'hui en voie d'achèvement.

Des cabinets, tous munis du matériel ordinairement exigé pour l'enseignement, les plus remarquables par la richesse de leurs collections, sont ceux de matériaux de construction, de constructions civiles et de travaux publics, de physique, de métallurgie et d'exploitation de mines et d'électrotecnhie. *Cabinets.*

Les deux premiers sont, dans leurs spécialités les meilleurs qui existent en Portugal

Une grande partie des collections, des instruments, des machines et des appareils sont préparés, construits ou manufacturés à l'Institut même et l'emportent sur des articles semblables venant de l'étranger.

Les laboratoires sont dotés de tout le matériel nécessaire, les mieux installés étant ceux de chimie générale et analyse chimique, d'électrotechnie et de produits de commerce. *Laboratoires.*

A l'Institut, il y a aussi un laboratoire pour les analyses officielles de minerais et d'eaux minérales sous la direction technique du professeur du 11.ᵉ cours.

A l'atelier d'instruments de précision, établi en 1854, il est manufacturé des instruments de géodésie, de topographie et d'autres spécialités, des modèles et des appareils de télégraphie électrique, de physique, de mécanique et de chimie, des instruments de dessin, des pièces en verre, etc. *Atelier d'instruments de précision.*

Les articles de cet atelier ont concouru aux expositions de Londres (1862), de Porto (1865), de Paris (1867, 1878 et 1889), de Vienne (1873), de Philadelphie (1876), et aux expositions nationales d'industrie, réalisées à Lisbonne en 1888 et en 1893 et à Porto en 1897, où ils ont remporté diverses médailles d'or, d'argent et de bronze, des mentions honorables et un diplôme d'honneur (Philadelphie).

L'atelier est pourvu d'un moteur à vapeur, système Hermann Chapel, de la force de trois chevaux, d'une grande variété de machines et d'outils pour ouvrages en métal et en bois, d'instruments pour la division de lignes droites et des cercles de microscopes, pour la vérification des mesures d'un appareil, pour la comparaison de niveaux d'un tour, systèmes combinés, pour travaux d'horlogerie, etc.

L'atelier des travaux en bois dispose des machines et des outils suivants : machines à mortaiser, à percer et à découper ; machines à scier, à raboter et à affûter, recevant le mouvement d'un moteur ; deux tours pouvant travailler par l'action ou de celui-ci ou d'une pédale, huit établis pour travaux de charpenterie ou de menuiserie, dont quatre à deux places, et différents outils employés dans ces métiers. *Atelier des travaux en bois.*

L'atelier d'ouvrages en métaux a les machines et les outils suivants : un moteur à gaz de la force de deux chevaux dont le mouvement peut être transmis à l'atelier précédent ; des machines à planer, à limer, à polir, à fraiser et à aiguiser mues à l'aide du moteur, deux tours mis en *Ateliers pour ouvrages en métaux.*

marche par l'action soit des courroies soit d'une pédale; des machines-outils à raboter et à scier; deux appareils à forer, deux fourneaux et une enclume; deux paires de ciseaux mécaniques; deux marbres en fonte; un banc à douze tours de serrurier et l'outillage de ce métier.

Installation pour éclairage électrique — L'installation pour éclairage électrique comprend le matériel décrit ci-dessous.

Deux moteurs à gaz: un du système Pramier, de la force de 22 chevaux; un autre du système Otto, de 4 chevaux.

Il y a quatre générateurs d'électricité, savoir: une dynamo du modèle Siemens, système *compound* avec force électro-motrice de 55 volts, courant d'une intensité correspondante à 300 ampères et puissance électrique de 16500 volts; une dynamo du modèle Siemens, système d'excitation en dérivation, avec force électro-motrice de 65 volts, intensité de 35 ampères et puissance électrique de 2275 watts; une dynamo du modèle Siemens, système d'excitation en série, avec force électro-motrice de 60 volts, courant d'une intensité de 30 ampères et puissance électrique de 1800 watts; une dynamo du modèle Gramme avec force électro-motrice de 75 volts, courant d'une intensité de 15 ampères et puissance électrique de 1125 watts.

La puissance électrique totale de ces dynamos est donc de 21700 watts.

En dehors des machines dont mention vient d'être faite il y en a plusieurs autres, plus petites, destinées aux expériences et aux travaux dans les classes et les laboratoires d'électrotechnie, de physique et de chimie.

Il y a éclairage électrique dans la salle du conseil scolaire, dans le cabinet du directeur, et dans le secrétariat, dans toutes les classes à l'exception de celles de dessin et d'exploitation de mines et dans divers cabinets et laboratoires.

Il y a distribution de courant électrique, pour les expériences et les travaux, dans les classes et les laboratoires de chimie, d'électrotechnie et de minéralogie.

Le nombre total de lampes toutes d'incandescence est de 232, dont 129 peuvent être allumées en même temps.

Le prix de revient moyen de l'éclairage électrique est de 200 réis (1[fr.]11), par kilowatt-heure.

Atelier pour préparation des modèles destinés à l'enseignement. — Il y a un petit atelier dépendant du cabinet de constructions civiles où l'on manufacture des modèles pour l'enseignement.

Règlement. — Il figure à l'exposition quelques-uns de ses articles.

Aussitôt après la promulgation du décret du 30 juin 1898, le conseil scolaire de l'Institut industriel et commercial de Lisbonne s'est occupé de dresser un projet de règlement d'accord avec les nouvelles dispositions organiques.

Le projet a été remis au ministère des travaux publics, du commerce et de l'industrie le 24 avril de cette année, et, jusqu'à la date de la clôture du présent travail (29 novembre), il n'y a eu aucune décision ministérielle à ce sujet.

Les dispositions réglementaires du 3 février 1888, du 8 octobre 1891 et du 25 octobre 1893 continuent donc en vigueur sauf dans la partie modifiée par le nouveau décret organique du 30 juin 1898.

Comité supérieur d'enseignement industriel et commercial

Par décret du 17 novembre 1899, signé par le conseiller Elvino José de Sousa e Brito, le gouvernement, usant de la faculté conférée par la loi du 26 juillet de la même année, dont l'article 16.e autorise la réforme de services dépendants du ministère des travaux publics, du commerce et de l'industrie, a créé un *comité supérieur d'enseignement industriel et commercial* en remplacement du conseil d'instruction industrielle et commerciale, institué par l'article 12.e du décret du 30 décembre 1886. Création du comité supérieur d'enseigne-ment industriel et commercial.

Le comité supérieur d'enseignement industriel et commercial a pour mission d'émettre son avis sur toutes les questions relatives à cet enseignement quand le gouvernement l'aura demandé, et de prendre l'initiative de toutes propositions visant à améliorer et à développer l'enseignement industriel dans le pays. Attributions.

Il doit être remis à ce comité, pour donner son avis, les dossiers des concours pour la nomination définitive des professeurs et les projets de règlements, de programmes et d'horaires à adopter dans les établissements d'instruction industrielle et commerciale dépendants du ministère des travaux publics.

Le comité est composé: Constitution.

1.º du directeur de l'Institut industriel et commercial de Lisbonne, du directeur de celui de Porto et d'un professeur de première classe choisi par le gouvernement dans chacune des sections, industrielle et commerciale, de ces établissements;

2.º de trois professeurs de sciences appartenant à une école supérieure quelconque du pays, nommés par le gouvernement;

3.º des inspecteurs d'enseignement industriel dont s'occupe l'article 29 du décret du 14 décembre 1897;[1]

4.º du chef du bureau d'industrie de la direction générale du commerce et de l'industrie qui sert de secrétaire.

Le comité est présidé par le directeur général de l'administration du commerce et de l'industrie.

Il se réunit toutes les fois que les besoins du service l'exigent ou que la majorité de ses membres le demande. Séances.

Il est prescrit que le comité prépare son règlement et le soumette ensuite à l'approbation du gouvernement. Règlement.

---

[1] Ce décret a réorganisé les écoles industrielles et celles de dessin industriel et les a distribuées dans deux *circonscriptions,* dites *du nord et du sud,* chacune placée sous la surintendance d'un *inspecteur,* choisi par le gouvernement, dont les fonctions sont exercées en commission.

Il appartient aux inspecteurs le contrôle et la direction supérieure de l'enseignement tendant à le rendre aussi profitable que *possible.*

Cette réorganisation vise aussi l'école élémentaire de commerce.

Relevé des dépenses portées au budget de l'Institut Industriel et Commercial de Lisbonne, pour l'exercice 1899-1900

PERSONNEL DU CADRE

Directeur

Indemnité attribuée à l'exercice de sa charge *.............. 300$000

Professeurs

4 professeurs de première classe :
    traitement fixe, à 700$000 réis... 2:800$000
    indemnité allouée pour l'exercice
    des fonctions, à 430$000 réis.. 1:720$000   4:520$000

1 professeur de première classe :
    traitement fixe................. 700$000
    augmentation d'un tiers du traite-
    ment acquise pour ancienneté de
    service...................... 233$333
    indemnité allouée pour l'exercice
    des fonctions .... 430$000   1:363$333

14 professeurs de première classe :
    traitement fixe, à 450$000 réis .. 6:300$000
    indemnité allouée pour l'exercice
    des fonctions, à 430$000 réis.. 6:020$000   12:320$000

1 professeur de première classe :
    traitement fixe................. 450$000
    augmentation d'un tiers pour lon-
    gue durée de service... ...... 150$000
    indemnité allouée pour l'exercice
    des fonctions .... 430$000   1:030$000

2 professeurs de deuxième classe :
    traitement fixe, à 600$000 réis... 1:200$000
    indemnité allouée pour l'exercice
    des fonctions, à 430$000 réis.. 860$000   2:060$000

2 professeurs de deuxième classe :
    traitement fixe, à 400$000 réis... 800$000
    indemnité allouée pour l'exercice
    des fonctions, à 430$000 réis.. 860$000   1:660$000

1 professeur adjoint : traitement.................. 600$000   23:553$333

A reporter................. 23:853$333

---

* 1$000 réis équivalent à 5 fr. 55.

Report .... 23:853$333

PERSONNEL ASSISTANT DE L'ENSEIGNEMENT

2 préparateurs (un pour le 3ᵉ, le 9ᵉ et le 10ᵉ cours et
un autre pour le 4ᵉ et le 12ᵉ cours) :
indemnité allouée pour l'exercice des fonctions,
à 240$000 réis...................... 480$000

2 préparateurs (un pour le 6ᵉ, le 14ᵉ et le 20ᵉ cours et
un autre pour le 7ᵉ, 8ᵉ et 11ᵉ cours) :
traitement fixe, à 300$000 réis.. 600$000
indemnité allouée pour l'exercice
des fonctions, à 60$000 réis.. 120$000   720$000

1 préparateur (attaché au service du 5ᵉ et du 13ᵉ cours) :
traitement fixe .... 240$000

1 chef de travaux dirigeant l'atelier d'instruments de
précision :
traitement fixe............... 360$000
indemnité allouée pour l'exercice
des fonctions .... 180$000   540$000   1:980$000

PERSONNEL ADMINISTRATIF ET PERSONNEL SUBALTERNE

Secrétaire :
traitement fixe.................. 450$000
indemnité allouée pour l'exercice
des fonctions .... 150$000   600$000

1 chef de bureau :
traitement fixe.................. 350$000
indemnité allouée pour l'exercice
des fonctions .... 150$000   500$000

1 chef de service :
traitement fixe.................. 300$000
indemnité allouée pour l'exercice
des fonctions .... 150$000   450$000

1 premier commis :
traitement fixe.................. 260$000
indemnité allouée pour l'exercice
des fonctions .... 100$000   360$000

1 second commis :
traitement fixe........ .... 180$000
indemnité allouée pour l'exercice
des fonctions .... 80$000   260$000

A reporter....... 2:170$000   25:833$333

| | Report.......... | 2:170$000 | 25:833$333 |

1 portier :
    traitement fixe................. 260$000
    indemnité allouée pour l'exercice
       des fonctions. .... 100$000 360$000

6 surveillants :
    traitement fixe, à 182$500 réis.... 1:095$000
    indemnité allouée pour l'exercice
       des fonctions, à 72$000 réis.... 432$000 1:527$000

1 concierge :
    traitement fixe................. 144$000
    indemnité allouée pour l'exercice
       des fonctions .... 72$000 216$000

6 garçons :
    traitement fixe, à 144$000 réis.... 864$000
    indemnité allouée pour l'exercice
       des fonctions, à 72$000 réis.... 432$000 1:296$000 5:569$000

PERSONNEL SURNUMÉRAIRE

1 professeur de première classe :
    traitement fixe................. 450$000
    indemnité allouée pour l'exercice
       des fonctions .... 430$000 880$000

1 contrôleur :
    traitement fixe................. 400$000
    indemnité allouée pour l'exercice
       des fonctions .... 100$000 500$000

2 seconds commis :
    traitement fixe, à 180$000 réis.... 360$000
    indemnité allouée pour l'exercice
       des fonctions, à 80$000 réis.... 160$000 520$000

1 comptable * .... —$—

1 garçon :
    traitement fixe................. 144$000
    indemnité allouée pour l'exercice
       des fonctions .... 72$000 216$000

1 aide pour le laboratoire :
    traitement fixe................. 140$000
    indemnité allouée pour l'exercice
       des fonctions .... 72$000 212$000 2:328$000

                A reporter................... 33:730$333

---

* Attaché au service de l'Agence financière portugaise au Rio de Janeiro.

Report..................... 33:730$333

ACQUISITION DE MATÉRIEL ET DÉPENSES
DIVERSES

Bibliothèque.........................	500$000	
Acquisition de modèles, d'appareils, etc..	1:400$000	
Expériences et démonstrations dans les divers laboratoires et classes, articles pour le bureau de commerce.......	1:400$000	
Gaz consommé.....................	500$000	
Frais divers.......................	400$000	4:200$000
Deux prix désignés sous le nom de *Saraiva de Carvalho*............................	87$000	4:287$000

Total — Réis............... 38:017$333
ou Francs.................. 211.207,40

ENSEIGNEMENT MANUEL

Somme affectée à l'enseignement manuel pour l'Institut Industriel et Commercial de Lisbonne, pour celui de Porto et pour l'Atelier d'Instruments de Précision de l'Institut de Lisbonne.......... 2:500$000

Dépense autorisée pour l'enseignement professionnel, l'instruction dans les établissements industriels....................... 1:500$000

Total — Réis............... 4:000$000
ou Francs.................. 22.222,22

ÉTAT DU PERSONNEL

DE

L'INSTITUT INDUSTRIEL ET COMMERCIAL

DE

LISBONNE

ARRÊTÉ LE 29 NOVEMBRE 1889

Personnel de l'enseignement

PROFESSEURS DE PREMIÈRE CLASSE

1er COURS

Joaquim Heliodoro da Veiga, lieutenant-colonel d'artillerie, attaché au service de la voie et des travaux de la direction du contrôle de l'exploitation des chemins de fer, député.

2e COURS

Conseiller *Elvino José de Sousa e Brito*, secrétaire général du ministère des travaux publics du commerce et de l'industrie, directeur général de l'administration de l'agriculture, pair du royaume. *

3e COURS

Conseiller *Federico Ressano Garcia*, ancien ministre d'État, ingénieur civil, directeur général des travaux publics de la ville de Lisbonne, professeur de l'École de l'armée (école militaire supérieure), député.

4e COURS

Conseiller *Antonio Eduardo Villaça*, capitaine du génie, directeur général de l'administration de la statistique et des biens de l'État, député. **

---

* Ministre des travaux publics, depuis le 18 août 1899.
** Ministre de la marine et des colonies depuis le 18 août 1899.

5ᵉ COURS

Conseiller *Francisco da Fonseca Benevides*, **directeur** de l'établissement, professeur émérite de l'École Navale, membre correspondant de l'Académie Royale des Sciences de Lisbonne.

6ᵉ COURS

Conseiller *Virgilio Cesar da Silveira Machado*, médecin de l'Hôpital de S. José, membre de l'Académie Royale des Sciences de Lisbonne.

7ᵉ COURS

Jayme Adolpho Mauperrin Santos, licencié en médecine et en philosophie par l'Université de Coïmbre, médecin de l'Hôpital de la Reine Amélie.

8ᵉ COURS

Alfredo Bensaude, docteur en philosophie par l'Université de Goettingen, ingénieur chef de travaux de mines de deuxième classe, membre correspondant de l'Académie Royale des Sciences de Lisbonne.

9ᵉ COURS

Antonio Maria d'Avellar, ingénieur civil, sous-directeur des travaux publics de la ville.

10ᵉ COURS

Conseiller *Francisco Felisberto Dias Costa,* ancien ministre d'État, secrétaire général du ministère de la marine et des colonies, directeur général de l'administration des colonies, capitaine du génie, professeur de l'École de l'armée (école militaire supérieure), député.

11ᵉ COURS

Francisco Ferreira Roquette, ingénieur de mines par l'École Supérieure de Mines de Paris, professeur de l'École Polytechnique de Lisbonne.

12ᵉ COURS

Conseiller *José Gonçalves Pereira dos Santos*, capitaine du génie, ingénieur du cadre des travaux publics et des mines, professeur de l'École de l'armée (école militaire supérieure), député.

13ᵉ COURS

Conseiller *Paulo Benjamin Cabral*, ingénieur civil, inspecteur général des télégraphes.

14ᵉ COURS

Conseiller *Severiano Augusto da Fonseca Monteiro*, ingénieur, chef du bureau de mines.

15ᵉ COURS

José Candido Correia, capitaine de frégate, professeur de l'École navale, membre correspondant de l'Académie Royale des Sciences de Lisbonne.

16ᵉ COURS

Luiz d'Almeida e Albuquerque, professeur et directeur de l'École Polytechnique de Lisbonne.

17ᵉ COURS

Rodrigo Affonso Pequito, ancien pair du royaume élu, ancien député.

18ᵉ COURS

Luiz Feliciano Marrecas Ferreira, lieutenant-colonel du génie, professeur de l'École de l'armée (école militaire supérieure), membre correspondant de l'Académie Royale des Sciences de Lisbonne.

19ᵉ COURS

Francisco Antonio da Veiga Beirão, * membre du conseil d'État, conservateur de l'enregistrement et des hypothèques à Lisbonne, membre correspondant de l'Académie Royale des Sciences de Lisbonne, membre de l'Institut de Droit International.

20ᵉ COURS

Conseiller *Fernando Mattoso dos Santos*, professeur de l'École Polytechnique et inspecteur général du service technique des douanes.

PROFESSEURS DE DEUXIÈME CLASSE

21ᵉ COURS

Manuel de Macedo Pereira Coutinho, conservateur du *Musée National des Beaux-Arts de Lisbonne.*

---

* Ministre des affaires étrangères.

22e COURS

José Joaquim Mendes, lieutenant-colonel en commission à la direction générale de la statistique et des biens de l'État.

23e COURS

Alfredo King, professeur de l'École Élémentaire de Commerce, professeur de Son Altesse le Prince Royal.

24e COURS

Augusto Carlos Ferreira.

PROFESSEUR ADJOINT

17e ET 18e COURS

Augusto Patricio Prazeres, directeur et professeur de l'École Élémentaire de Commerce.

PERSONNEL ASSISTANT

Chef de travaux de l'atelier d'instruments de précision — *Francisco de Paula e Mello*.

Préparateur du 3^r, du 9e et du 10e cours — *Guilherme Gonçalves de Mendonça*, conducteur de première classe du cadre des travaux publics et des mines.

Préparateur du 4e et du 12e cours — *Ernesto Augusto Ferreira*, ancien mécanicien de la marine.

Préparateur du 5e et du 13e cours — *Adolpho Soares Franco*.

Préparateur du 6e, du 14e et du 20e cours — *João Rocha*.

Préparateur du 7e, du 8e et du 11e cours — *Julio Antonio Vieira da Silva Pinto*, conducteur de deuxième classe des travaux publics de la ville de Lisbonne.

PERSONNEL ADMINISTRATIF

Secrétaire — *Alberto Braga*.
Chef de bureau — *Alvaro da Silva Pinheiro Chagas*.
Chef de service — *Thomaz Tolento*.
Premier commis — *Accacio Abilio de Sá*.
Second commis — *João Maria d'Abreu*.

PERSONNEL SUBALTERNE

Portier — *Gedeão da Visitação Thovar Sá Pereira da Cunha.*
Surveillants — *Antonio Vicente da Conceição; Antonio d'Azevedo; Pedro Pereira Rangel; Antonio Maria d'Almeida Pimentel; Elias Pimenta; João Gomes.*
Concierge — *Francisco do Canto e Albuquerque.*
Garçons — *Casimiro de Pena Gil; Francisco dos Santos; Antonio Augusto Tavares; Ricardo Bento Rodrigues; José Ferreira; Paschoal da Silva.*

PERSONNEL SURNUMÉRAIRE

Professeur de première classe — Conseiller *João Ignacio Patrocinio da Costa e Silva Ferreira*, professeur de l'École Polytechnique de Lisbonne, docteur en mathématiques et licencié en philosophie par l'Université de Coïmbre.
Préparateur — *José Thomaz Ribeiro*, chef de bureau à l'administration des télégraphes.
Contrôleur — *Jeronymo Fontoura de Carvalho.*
Commis — *Rodrigo Maria José Pinto; Adelino Augusto Ribeiro.*
Aide au laboratoire de chimie — *Miguel Sertorio Santos Sousa.*
Garçon — *Silvestre José da Costa.*
Artisan contracté pour l'atelier d'instruments de précision — *Albert Hedwig.*

STATISTIQUE

TABLEAUX GÉNÉRAUX

Tableau du mouvement scolaire

Depuis l'année 1853-1854 (date de la fondation de l'Institut) jusqu'à l'année 1898-1899

Années scolaires	Inscriptions dans les divers cours	Individus	Examens de fin d'année				Nombre pour cent d'examens passés avec succès
			Passés avec succès		Passés sans succès	Total	
			Avec une classification de 15 points ou plus	Avec une classification inférieure à 15 points			
1853-1854	791	493	..	..	..	..	..
1854-1855	891	570	..	165	..	165	00
1855-1856	1.126	625	..	92	..	92	00
1856-1857	868	368	..	39	..	39	00
1857-1858	448	255	..	21	14	35	87
1858-1859	391	197	..	42	6	48	61
1859-1860	324	170	..	24	15	39	49
1860-1861	299	169	11	22	34	67	70
1861-1862	215	117	9	27	15	51	83
1862-1863	261	148	15	33	10	58	72
1863-1864	365	207	23	39	24	86	87
1864-1865	400	219	18	54	11	83	89
1865-1866	457	258	17	56	9	82	90
1866-1867	599	265	26	66	10	102	97
1867-1868	348	190	11	51	2	64	96
1868-1869	311	166	15	55	3	73	86
1869-1870	353	210	14	64	13	91	89
1870-1871	434	264	16	91	13	120	80
1871-1872	516	333	7	102	27	136	180
1872-1873	718	395	36	146	46	228	80
1873-1874	780	423	52	155	54	261	80
1874-1875	890	457	47	123	127	297	57
1875-1876	840	460	35	139	90	264	66
1876-1877	877	477	25	172	94	291	68
1877-1878	1.014	482	41	193	121	355	38
1878-1879	1.158	561	20	216	104	340	69
1879-1880	1.269	605	24	241	167	432	61
1880-1881	1.373	783	13	326	216	565	61
1881-1882	1.798	791	40	316	180	536	66
1882-1883	2.029	891	35	374	226	635	64
1883-1884	2.017	790	43	332	186	561	67
1884-1885	1.983	771	63	348	193	604	68
1885-1886	1.928	720	48	333	223	604	63
1886-1887	1.858	701	66	353	147	566	74
1887-1888	1.916	603	91	408	119	618	80
1888-1889	1.675	535	77	430	143	650	77
1889-1890	1.765	568	68	386	108	562	80
1890-1891	1.982	664	60	439	176	675	74
1891-1892	1.355	378	70	396	56	522	89
1892-1893	1.769	424	58	438	96	592	79
1893-1894	1.843	434	85	381	44	510	91
1894-1895	1.589	380	66	391	42	499	91
1895-1896	1.841	435	55	429	93	577	84
1896-1897	2.333	535	79	465	98	642	85
1897-1898	2.435	565	94	546	77	717	89
1898-1899	1.471	359	91	434	48	573	92
Total...	51.903	20.411	1.664	9.953	3.480	15.007	77

État des élèves qui ont achevé les différents cours d'études dans chacune des années scolaires depuis 1867-1868 jusqu'à 1898-1899

Années scolaires

Cours d'études	1867-1868	1868-1869	1869-1870	1870-1871	1871-1872	1872-1873	1873-1874	1874-1875	1875-1876	1876-1877	1877-1878	1878-1879	1879-1880	1880-1881	1881-1882	1882-1883
Cours de mécanicien et de chauffeur (a)		2					1		1							
Cours de conducteur de travaux publics (a)	1	2	2	2	2		2	6	5	3	6	3	2	3	4	4
Cours de conducteur de mines (a)							4	1	1	2	4		4	3	2	4
Cours de télégraphiste (a)		4				1			1	1				1	1	
Cours de contremaître d'arts chimiques et de teinturerie (a)		2													1	
Cours d'études de commerce (b)				7	4	3	4	2	2	4	6	3	3	3	3	7
Cours élémentaire d'études de commerce (c)																
Cours supérieur d'études de commerce (c)																
Cours secondaire d'étuctes de commerce (c)																
Cours d'études pour les postes et télégraphes (d)																
Cours de consul (d)																
Cours de vérificateur de douane (d)																
Cours d'études de métallurgie et d'exploitation de mines (e)																
Cours d'études de constructions civiles et de travaux publics (e)																
Cours de constructeur de machines, et de mécaniciens (e)																
Cours d'études de commerce du premier degré (pour individus voulant devenir négociants) (e)																
Cours d'études de commerce du second degré (pour individus se destinant au haut commerce) (e)																
Cours d'études pour télégraphes (f)																
Cours supérieur de commerce (g)																
Total	1	10	2	10	6	4	11	9	10	10	16	6	9	10	11	15

Cours d'études	1883-1884	1884-1885	1885-1886	1886-1887	1887-1888	1888-1889	1889-1890	1890-1891	1891-1892	1892-1893	1893-1894	1894-1895	1895-1896	1896-1897	1897-1898	1898-1899	Total
Cours de mécanicien et de chauffeur (a)																	4
Cours de conducteur de travaux publics (a)	4	8	9	9	2	1	3	1	1	3	2	2					93
Cours de conducteur de mines (a)	6	1	3		1		1	3	1	3	2	5					52
Cours de télégraphiste (a)	1	2															12
Cours de contremaître d'arts chimiques et de teinturerie (a)		1															4
Cours d'études de commerce (b)	4																55
Cours élémentaire d'études de commerce (c)		2	1	1		1											5
Cours supérieur d'études de commerce (c)		2	5	2	5	2	1	3	7	8	6	4	1				46
Cours secondaire d'étuctes de commerce (c)							2										2
Cours d'études pour les postes et télégraphes (d)								1									1
Cours de consul (d)								1									1
Cours de vérificateur de douane (d)								2	1								3
Cours d'études de métallurgie et d'exploitation de mines (e)										1	2						3
Cours d'études de constructions civiles et de travaux publics (e)											2						2
Cours de constructeur de machines, et de mécaniciens (e)												1					1
Cours d'études de commerce du premier degré (pour individus voulant devenir négociants) (e)											1	4	1				6
Cours d'études de commerce du second degré (pour individus se destinant au haut commerce) (e)											4		7	4			15
Cours d'études pour télégraphes (f)													2	3	6		11
Cours supérieur de commerce (g)															6		6
Total	15	16	18	12	8	5	7	11	10	15	19	16	11	7	12		322

(a) Cours établis par la loi de 1864, mise à exécution en 1866. — (b) Cours d'études créés en 1870. — (c) Cours d'études créés en 1884. — (d) Cours d'études créés en 1886. — (e) Cours d'études créés en 1891. — (f) Cours d'études créés en 1894. — (g) Cours d'études rétabli en 1896.

Tableau des élèves auxquels il a été délivré des diplômes des divers cours d'études de l'année scolaire 1867-1868 à 1898-1899

Cours d'études	1867-1868	1868-1869	1869-1870	1870-1871	1871-1872	1872-1873	1873-1874	1874-1875	1875-1876	1876-1877	1877-1878	1878-1879	1879-1880	1880-1881	1881-1882	1882-1883	1883-1884	1884-1885	1885-1886	1886-1887	1887-1888	1888-1889	1889-1890	1890-1891	1891-1892	1892-1893	1893-1894	1894-1895	1895-1896	1896-1897	1897-1898	1898-1899	Total
Cours de mécanicien et de chauffeur (a)		2																															2
Cours de conducteur de travaux publics (a)	1	2	2	3	2		1	1	2	4	1		2	2	1	3	2	7	8	9	2	1	3	1	1		2						63
Cours de conducteur de mines (a)							4	1	1			1	3					2	1	2		1			3	1	2	1	1				24
Cours de télégraphiste (a)		4					1			1	1			1	1			1	2														12
Cours de contremaître d'arts chimiques et de teinturerie (a)		2												1				1															4
Cours d'études de commerce (b)				7	4	3	4	2	2	1	6	3	3	3	3	7	4																52
Cours élémentaire d'études de commerce (c)																		2	1	1			1										5
Cours supérieur d'études de commerce (c)																				3		2	2	1	3	6	2	1	1	1			22
Cours secondaire d'études de commerce (c)																										2							2
Cours d'études pour les postes et télégraphes (d)																							1										1
Cours de consul (d)																								1									1
Cours de vérificateur de douane (d)																								2		1							3
Cours d'études de métallurgie et d'exploitation de mines (e)																																	
Cours d'études de constructions civiles et de travaux publics (e)																												2					2
Cours de constructeurs de machines, et de mécaniciens (e)																																	
Cours d'études de commerce du premier degré (pour individus voulant devenir négociants) (e)																												2	1				3
Cours d'études du second degré (pour individus se destinant au haut commerce) (e)																											1		1		1		3
Cours d'études pour télégraphes (f)																															1		1
Cours supérieur de commerce (g)																														1			1
Total	1	10	2	10	6	4	9	4	6	6	7	4	8	6	6	10	9	13	14	10	5	5	6	11	9	4	7	3	4	1	1		201

(a) Cours établis par la loi de 1864, mise à exécution en 1866. — (b) Cours d'études créés en 1870. — (c) Cours d'études créés en 1884. — (d) Cours d'études créés en 1886. — (e) Cours d'études créés en 1891. — (f) Cours créés en 1894. — (g) Cours rétabli en 1896.

TABLEAUX ÉTABLIS

PAR

SPÉCIALITÉS

Mouvement d'élèves

Année scolaire 1898-1899

Nombre d'élèves

Classes d'élèves	Cours d'études de commerce	Cours d'études industrielles	Total
Réguliers.....................................	23 *	9	32
Libres...	164	85	249
Admis...	43	35	78
Total...............	230	129	359

Nombre d'inscriptions

Cours d'études	Inscriptions
Cours d'études de commerce..	968 *
Cours industriels..	503
Total......................	1.471

Nouveaux élèves

Cours d'études	Élèves
Cours d'études de commerce..	33 *
Cours industriels..	30
Total......................	63

Études préparatoires que possédaient ces élèves

Désignation des études préparatoires	Nombre d'élèves
Examen d'admission à l'Institut	27
Examens passés aux lycées	22
Examens passés à l'École Rodrigues Sampaio...........................	11
Examens passés à l'École Élémentaire de commerce	1
Cours de chef de travaux agricoles	1
Cours de l'École de l'Armée (école militaire supérieure)....................	1
Total......................	63

* Au nombre des élèves se trouve une fille qui s'est fait inscrire dans quatre cours de la section commerciale.

Mouvement des élèves (réguliers, libres et admis)

dans l'année scolaire 1898-1899, classés suivant les districts des localités de leurs naissances

| Districts administratifs ou chefs-lieux | Cours d'études de commerce | | | | Cours industriels | | | | Total |
| | Classes d'élèves | | | | Classes d'élèves | | | |
	Réguliers	Libres	Admis	Total	Réguliers	Libres	Admis	Total	
Aveiro	..	4	4	8	..	3	..	3	11
Beja	..	5	2	7	..	3	1	4	11
Braga	..	1	1	2	..	1	..	1	3
Bragança	1	1	..	2	..	..	..	..	2
Castello Branco	1	1	..	2	..	2	1	3	5
Coimbra	..	4	1	5	..	..	..	..	5
Evora	..	2	1	3	..	3	1	4	7
Faro	..	7	4	11	2	2	2	6	17
Guarda	1	1	1	3	1	1	..	2	5
Leiria	..	..	..	..	..	1	..	1	1
Lisboa	12	105	24	141	2	59	29	90	231
Portalegre	1	4	1	6	..	1	..	1	7
Porto	1	2	1	4	..	2	1	3	7
Santarem	3	4	..	7	1	1	..	2	9
Vianna do Castello	1	..	1	2	..	..	..	..	2
Villa Real	..	..	..	..	2	..	..	2	2
Vizeu	1	7	1	9	1	..	..	1	10
Angra do Heroismo	..	..	..	..	..	1	..	1	1
Funchal	..	4	1	5	..	..	..	..	5
Horta	..	..	..	..	..	2	..	2	2
Ponta Delgada	..	3	..	3	..	..	..	..	3
Angola	..	1	..	1	..	..	..	..	1
Goa	1	2	..	3	..	..	..	..	3
Loanda	..	1	..	1	..	1	..	1	2
Malange	..	2	..	2	..	..	..	..	2
Margão	..	1	..	1	..	..	..	..	1
Moçambique	..	1	..	1	..	..	..	..	1
S. Thomé	..	..	..	..	..	1	..	1	1
Melilla	..	1	..	1	..	..	..	..	1
Paris	..	..	..	..	..	1	..	1	1
	23	164	43	230	9	85	35	129	359

Mouvement des élèves (réguliers, libres et admis)

dans l'année scolaire 1898-1899, classés suivant leurs âges

Ages	Cours d'études de commerce — Classes d'élèves				Cours industriels — Classes d'élèves				Total
	Réguliers	Libres	Admis	Total	Réguliers	Libres	Admis	Total	
12 ans	1			1		1		1	2
13	1	3	1	5		1		1	6
14	2	8	2	12		3	4	7	19
15	4	9	3	16		5	6	11	27
16	3	9	4	16	1	14	6	21	37
17	1	15	6	22	1	4	10	15	37
18	2	18	3	23	1	8	2	11	34
19	2	25	10	37	1	4	2	7	44
20	1	12	2	15		7		7	22
21	1	15	3	19	1	3		4	23
22	1	9	1	11		4		4	15
23	2	4	1	7	1	3		4	11
24		8	2	10		2	3	5	15
25		2	3	5	1	4		5	10
26	1	7		8		3		3	11
27		2		2		2		2	4
28		5		5		1		1	6
29		2		2		2		2	4
30		3		3		1		1	4
31		2		2		1		1	3
32		1	1	2	1	1		2	4
33		1		1	1	1	1	3	4
34						2		2	2
35						1		1	1
36		1		1		2		2	3
37	1	1	1	3		2		2	5
38						1		1	1
39		1		1		1		1	2
40									
41		1		1					1
42									
43						1	1	2	2
44									
Total	23	164	43	230	9	85	35	129	359

Mouvement des élèves (réguliers, libres et admis)

dans l'année scolaire 1898-1899, classés suivant leurs professions ou leurs occupations

Professions ou occupations	Cours d'études de commerce				Cours industriels				Total
	Classes d'élèves				Classes d'élèves				
	Réguliers	Libres	Admis	Total	Réguliers	Libres	Admis	Total	
Agriculteurs			1	1					1
Ciseleurs							1	1	1
Charpentiers						1	2	3	3
Commis de bureau							1	1	1
Conducteurs de travaux publics et de mines						2		2	2
Dessinateurs						1		1	1
Expéditeurs en douane			1	1					1
Employés de commerce	1	4	5	10					10
Employés publics	4	20	1	25		2	1	3	28
Étudiants	17	132	31	180	4	61	24	89	269
Menuisiers							1	1	1
Militaires	1	5	4	10		1		1	11
Professeurs		3		3					3
Propriétaires						1		1	1
Serruriers					5	15		20	20
Télégraphistes							2	2	2
Tourneurs						1	3	4	4
Total	23	164	43	230	9	85	35	129	359

Résultats des épreuves finales

par cours d'études aux deux époques d'examens de l'année scolaire 1898-1899

Cours d'études	Années des cours d'études	Inscriptions	Service ordinaire — Élèves admis aux examens	Classés avec 15 points ou plus	Classés avec moins de 15 points	Non reçus	Élèves n'ayant pas comparu	Service suppl. (octobre) — Élèves admis aux examens	Classés avec 15 points ou plus	Classés avec moins de 15 points	Non reçus	Élèves n'ayant pas comparu	Total aux deux époques — Élèves admis aux examens	Classés avec 15 points ou plus	Classés avec moins de 15 points	Non reçus	Élèves n'ayant pas comparu	Nombre d'élèves reçus par 100 examens
Cours d'études de commerce																		
Cours supérieur — 1ère	1ère	319	115	10	59	14	32	26	..	7	3	16	141	10	66	17	48	82
	2e	247	102	23	62	3	14	14	..	11	1	2	116	23	73	4	16	96
	3e	137	62	5	44	..	13	11	1	8	..	2	73	6	52	..	15	100
	4e	111	65	1	38	..	26	21	..	16	1	4	86	1	54	1	30	98
	5e	78	52	10	41	..	1	1	..	1	..	..	53	10	42	..	1	100
Cours secondaire — 1ère	1ère	39	13	..	7	1	5	5	..	..	..	5	18	..	7	1	10	87
	2e	24	7	1	4	..	2	1	..	1	..	..	8	1	5	..	2	100
	3e	13	9	1	5	..	3	3	..	3	..	..	12	1	8	..	3	100
Cours industriels																		
Cours supérieur — 1er	1er	22	5	1	4	..	..	..	..	..	..	..	5	1	4	..	..	100
	2e	12	7	2	3	1	1	..	..	..	..	..	7	2	3	1	1	83
	3e	9	5	3	1	..	1	1	..	..	1	..	6	3	1	1	1	80
	4e	3	1	..	1	..	..	..	..	..	..	..	1	..	1	..	..	100
	5e	4	..	..	..	..	..	..	..	..	..	..	..	..	..	..	..	..
	6e	6	1	..	..	..	1	..	..	..	..	..	1	..	..	..	1	..
Cours d'arts chimiques — 1ère	1ère	..	..	..	..	..	..	..	..	..	..	..	..	..	..	..	..	..
	2e	5	6	3	3	..	..	..	..	..	..	..	6	3	3	..	..	100
	3e	3	1	1	..	..	..	..	..	..	..	..	1	1	..	..	..	100
	4e	1	..	..	..	..	..	..	..	..	..	..	..	..	..	..	..	..
Cours d'électrotechnie — 1ère	1ère	1	..	..	..	..	..	..	..	..	..	..	..	..	..	..	..	..
	2e	2	1	1	..	..	..	..	..	..	..	..	1	1	..	..	..	100
	3e	5	3	2	..	1	..	..	..	..	..	..	3	2	..	1	..	67
	4e	10	5	5	..	..	..	..	..	..	..	..	5	5	..	..	..	100
Cours d'études de machines — 1ère	1ère	148	62	3	32	7	20	23	..	12	10	1	85	3	44	17	21	73
	2e	36	9	..	7	..	2	..	..	..	..	..	9	..	7	..	2	100
	3e	49	30	3	19	1	7	..	..	..	..	..	30	3	19	1	7	96
	4e	5	1	..	1	..	..	..	..	..	..	..	1	..	1	..	..	100
Cours de constructions civiles et de travaux publics — 1ère	1ère	26	8	..	3	1	4	4	..	1	..	3	12	..	4	1	7	80
	2e	18	9	2	6	..	1	..	..	..	..	..	9	2	6	..	1	100
	3e	5	2	2	..	..	..	..	..	..	..	..	2	2	..	..	..	100
	4e	5	2	..	2	..	..	..	..	..	..	..	2	..	2	..	..	100
Cours d'études de mines — 1ère	1ère	7	..	..	..	..	..	..	..	..	..	..	..	..	..	..	..	..
	2e	7	1	..	1	..	..	..	..	..	..	..	1	..	1	..	..	..
	3e	7	4	2	1	..	1	1	..	1	..	..	5	2	2	..	1	100
	4e	9	1	1	..	..	..	..	..	..	..	..	1	1	..	..	..	100
Cours pour télégraphes — 1ère	1ère	43	14	2	9	..	3	2	..	2	..	..	16	2	11	..	3	100
	2e	20	7	3	4	..	..	..	..	..	..	..	7	3	4	..	..	100
	3e	35	21	3	14	2	2	1	..	..	1	..	22	3	14	3	2	85
		1471	631	90	371	31	139	114	1	63	17	33	745	91	434	48	172	92

Mouvement d'élèves du sexe féminin

pour l'année scolaire 1898-1899

Inscriptions					Application				Examens passés à l'époque ordinaire				
Localité de la naissance	Age	Cours d'études	Matières		Élèves ayant perdu l'année				Élèves admises à passer l'examen	Élèves n'ayant pas comparu	Élèves reçues		Élèves non reçues
					Jusqu'à la Noël	Depuis Noël jusqu'à Pâques	Depuis Pâques jusqu'à la fin de l'année	Total			Avec une classification de 15 points ou plus	Avec une classification de moins de 15 points	
Lisbonne 1	23 ans 1	Cours supérieur d'études de commerce (classe d'élèves régulières). 1	1er cours Première partie	1	..	..	1	1	..	..	..	..	..
			5e » Première partie	1	1	..	..	1	..	..	..	..	..
			7e » Première partie	1	..	..	1	1	..	..	..	..	..
			23e » Première partie	1	..	..	..	..	1	..	..	1	..
1	1	1		4	1	..	2	3	1	..	..	1	..

Inscriptions d'élèves réguliers aux cours
de la section commerciale pour l'année scolaire 1898-1899

les élèves étant classés suivant les districts où ils sont nés

Districts administratifs ou chefs-lieux	Cours				
	1er	5e Première partie	7e Première partie	23e Première partie	Total
Bragança	1	1	1	1	4
Castello Branco	1	1	..	1	3
Guarda	1	1	1	1	4
Lisboa	10	10	9	10	39
Portalegre	1	1	1	1	4
Porto	1	1	1	1	4
Santarem	3	3	2	3	11
Vianna do Castello	1	1	..	1	3
Vizeu	1	1	1	1	4
Goa	1	1	1	1	4
Total	21	21	17	21	80

Inscriptions d'élèves réguliers aux cours
de la section industrielle

dans l'année scolaire 1898-1899, les élèves étant classés suivant les districts administratifs où ils sont nés

Districts administratifs	1er — Algèbre, géométrie dans l'espace et trigonométrie	5e — Première partie	6e — Première partie	21e — Première partie	23e — Première partie	Total
Faro	2	2	1	2	1	8
Guarda	1	1	..	1	1	4
Lisboa	2	2	1	2	2	9
Santarem ...	1	1	..	1	1	4
Villa Real....	2	2	1	2	1	8
Vizeu	1	1	1	1	..	4
	9	9	4	9	6	37

Inscriptions d'élèves libres aux cours de la section commerciale

dans l'année scolaire 1898-1899, les élèves étant classés suivant les districts où ils sont nés

Districts administratifs ou chefs-lieux	Cours 1er		2e	5e	6e		7e			15e			16e	17e		18e		19e		20e		23e		24e		Total
	Algèbre, géométrie dans l'espace et trigonométrie	Trigonométrie		Première partie	Première partie	Deuxième partie	Première partie	Deuxième partie	Troisième partie	Première partie	Deuxième partie	Troisième partie		Première partie	Deuxième partie	Première partie	Deuxième partie	Première partie	Deuxième partie	Deuxième partie	Première et deuxième partie	Première partie	Deuxième partie	Première partie	Deuxième partie	
Aveiro	3	..	..	2	1	..	1	1	..	..	..	..	..	1	..	1	..	..	..	..	..	1	2	..	2	15
Beja	1	1	2	1	2	..	1	..	1	2	1	1	..	1	..	..	..	1	..	..	..	..	1	..	..	16
Braga	..	..	..	1	1	..	1	2	2	..	..	1	..	..	..	..	..	..	..	..	..	..	..	..	..	8
Bragança	..	..	1	..	..	..	..	..	..	..	..	..	..	1	..	1	..	..	..	..	..	..	..	..	..	3
Castello Branco	1	..	..	1	..	..	1	1	1	..	1	1	..	..	..	..	..	1	..	..	..	..	1	..	..	9
Coimbra	4	..	..	4	..	..	3	2	..	..	..	1	..	..	..	..	..	..	..	..	..	3	1	1	..	19
Evora	2	..	..	2	..	..	1	..	..	1	..	..	1	..	..	..	..	..	..	..	..	1	..	..	..	8
Faro	4	3	3	2	2	..	2	1	1	1	1	1	2	1	..	2	..	1	..	..	..	2	..	2	..	31
Guarda	..	..	..	1	..	..	..	..	..	..	..	..	..	..	..	..	..	..	..	..	..	..	1	..	..	2
Lisboa	28	18	23	18	34	6	31	32	18	37	20	15	15	18	8	14	7	16	9	1	6	22	13	18	12	439
Portalegre	2	1	1	1	1	..	1	1	1	1	..	1	1	..	1	1	..	..	1	1	..	1	2	..	1	20
Porto	1	..	..	1	..	..	1	1	..	..	..	..	..	1	..	..	..	..	..	..	..	1	..	..	1	7
Santarem	..	2	1	1	1	..	1	1	2	2	2	2	..	2	1	..	..	1	1	..	..	1	..	2	..	23
Vizeu	4	1	1	3	2	1	2	2	1	1	2	1	..	2	..	1	..	1	..	1	..	1	2	1	1	31
Funchal	2	..	1	2	2	..	2	2	1	2	3	2	1	1	..	1	..	1	..	1	1	1	..	1	1	28
Ponta Delgada	1	..	..	..	1	..	..	..	1	..	..	1	..	1	..	2	..	1	1	..	1	..	..	..	..	10
Angola	1	..	..	1	..	..	1	1	1	..	..	..	..	..	..	..	..	..	..	..	..	1	..	..	..	6
Goa	..	..	..	1	1	..	..	..	..	..	..	..	..	1	..	..	..	1	..	..	..	1	..	1	..	6
Loanda	..	1	..	..	1	..	..	..	..	..	..	..	1	..	..	..	..	..	..	..	..	..	..	1	..	4
Malange	..	..	..	..	1	..	..	..	1	..	..	1	1	1	..	1	..	1	..	..	1	..	..	..	1	9
Margão	1	..	..	1	1	..	1	1	..	..	..	..	..	..	..	..	..	..	..	..	..	..	..	1	..	6
Moçambique	..	..	1	1	1	..	1	1	1	..	..	..	..	..	..	..	..	..	..	..	..	1	..	1	..	8
Melilla	..	..	..	..	..	..	..	..	..	..	..	..	..	1	..	..	..	..	..	..	..	..	..	1	..	2
Total	55	27	34	44	52	7	51	49	32	47	30	28	22	32	10	24	7	25	12	4	9	37	23	30	19	710

Inscriptions d'élèves libres aux cours de la section industrielle

dans l'année scolaire 1898-1899, les élèves étant classés suivant les localités des districts de leurs naissances

Districts ou chefs-lieux	Cours 1er: Algèbre, géométrie dans l'espace et trigonométrie	1er: Trigonométrie	2e	3e: Géométrie descriptive et ses applications	3e: Topographie	4e: Première partie	4e: Deuxième partie	5e: Première partie	5e: Deuxième partie	6e: Première partie	6e: Deuxième partie	7e: Première partie	7e: Deuxième partie	7e: Troisième partie	8e: Première partie	9e: Première partie	10e: Première partie	11e: Première partie	12e: Première partie	13e: Première partie	13e: Deuxième partie	13e: Troisième partie	14e: Première partie	16e	20e: Première partie	21e: Première partie	21e: Deuxième partie	21e: Troisième partie	22e: Première partie	22e: Deuxième partie	23e: Première partie	23e: Deuxième partie	24e: Première partie	24e: Deuxième partie	Total
Aveiro	..	1	1	..	2	..	..	..	1	2	..	..	..	..	..	..	..	..	1	2	1	1	..	..	..	..	..	..	2	1	..	2	..	..	17
Beja	1	2	2	..	..	..	1	1	..	2	..	2	..	1	..	..	..	..	1	..	..	..	..	1	..	..	..	..	1	..	..	..	..	2	17
Braga	1	..	..	..	..	..	1	..	..	..	..	..	..	..	..	..	..	..	..	..	..	..	..	..	..	1	..	..	..	..	..	..	..	..	3
Castello Branco	..	..	1	..	..	..	..	1	..	2	..	..	..	..	..	..	..	..	..	..	..	..	..	..	..	2	..	..	..	..	1	..	..	..	7
Evora	..	2	1	..	2	..	..	..	1	1	..	..	..	..	..	..	..	..	..	2	..	1	..	..	..	..	..	..	4	..	1	..	..	..	15
Faro	..	..	..	..	1	..	..	..	..	..	1	..	..	..	..	..	..	..	..	..	..	..	..	..	..	..	..	..	2	..	2	..	..	..	6
Guarda	..	1	1	1	..	..	..	1	..	1	..	..	..	..	..	..	..	..	..	..	..	..	..	..	..	..	..	..	..	..	..	..	..	1	6
Leiria	..	..	..	1	..	..	1	..	..	1	..	..	..	..	..	..	..	..	..	..	..	..	..	1	..	1	..	..	..	..	..	1	..	..	6
Lisboa	26	10	12	10	7	18	2	15	4	21	..	1	..	1	2	1	3	1	3	8	4	3	1	..	1	20	4	1	8	3	17	6	2	..	215
Portalegre	..	..	..	1	..	..	..	..	..	..	..	..	..	..	..	1	1	1	..	..	..	..	..	..	..	..	..	..	1	..	..	..	..	..	5
Porto	1	..	..	1	1	1	1	..	..	1	..	..	..	..	..	..	..	..	..	..	..	..	..	..	..	..	..	..	1	..	1	..	..	..	8
Santarem	1	..	..	..	..	..	..	..	..	..	1	..	..	..	..	..	..	..	..	..	..	..	..	..	..	1	..	..	..	..	..	..	..	..	3
A. do Heroismo	..	..	..	..	..	..	..	..	..	..	..	..	..	..	..	..	..	..	1	..	..	..	..	..	..	..	..	..	..	..	..	..	..	..	1
Horta	1	..	..	..	..	..	..	2	..	2	..	..	..	..	..	..	..	..	..	..	..	..	..	..	..	2	..	..	..	..	..	..	1	..	8
Loanda	..	1	1	..	..	1	..	..	..	1	..	1	1	1	..	..	..	..	..	..	..	..	..	..	..	..	1	..	1	..	1	..	..	..	10
S. Thomé	1	..	..	..	..	..	..	..	..	1	..	1	1	1	..	..	..	..	..	..	..	..	..	..	..	1	..	..	..	..	1	..	..	..	7
Paris	..	..	1	1	..	1	..	1	..	1	..	1	1	1	..	..	..	..	..	..	..	..	..	..	..	1	..	..	..	..	1	..	..	..	10
Total	32	17	20	15	13	21	6	21	6	36	2	6	3	5	2	2	4	2	6	12	5	5	1	2	1	29	5	1	20	4	25	9	3	3	344

Inscriptions aux cours de la section commerciale d'élèves admis

dans l'année scolaire 1898-1899, classés suivant les districts où ceux-ci sont nés

Districts administratifs ou chefs-lieux	Cours — 1er		2e	5e	6e		7e			15e			16e	17e		18e	19e		20e	23e		24e		Total
	Algèbre, géométrie dans l'espace et trigonométrie	Trigonométrie		Première partie	Première partie	Deuxième partie	Première partie	Deuxième partie	Troisième partie	Première partie	Deuxième partie	Troisième partie		Première partie	Deuxième partie	Première partie	Première partie	Deuxième partie	Deuxième partie	Première partie	Deuxième partie	Première partie	Deuxième partie	
Aveiro	3	..	1	1	2	..	..	..	2	1	2	1	..	1	..	..	..	..	..	2	..	..	..	16
Beja	..	1	2	..	..	..	1	1	2	1	1	1	1	1	..	..	1	..	..	..	..	..	1	14
Braga	..	..	..	..	..	1	..	..	..	..	..	..	..	..	..	1	..	..	..	1	1	..	..	4
Coimbra	1	..	..	1	..	..	..	..	..	..	..	..	..	..	..	..	..	..	..	1	..	..	..	3
Evora	1	..	..	1	..	..	..	..	..	1	..	..	..	..	..	..	..	..	..	..	..	..	1	4
Faro	2	1	1	1	2	..	3	3	1	3	1	1	1	..	..	..	1	..	..	2	1	1	..	25
Guarda	1	..	..	1	..	..	..	..	..	1	..	..	..	..	..	..	..	..	..	..	1	..	..	4
Lisboa	12	5	4	5	5	..	8	5	4	10	..	1	3	6	1	..	5	2	1	2	7	2	1	89
Portalegre	..	..	..	1	..	..	..	..	..	1	..	..	..	..	..	..	..	..	..	..	1	..	..	3
Porto	..	..	..	..	..	..	..	..	..	..	..	..	1	..	..	..	..	..	..	..	1	..	..	2
Vianna	..	..	..	..	1	..	1	1	1	..	..	..	1	..	..	..	..	..	..	..	..	..	..	5
Vizeu	1	..	..	1	1	..	..	..	1	..	..	..	..	..	..	..	..	..	..	1	..	..	..	5
Funchal	1	..	..	..	..	..	..	..	..	..	1	..	1	..	..	..	..	..	..	1	..	..	..	4
Total	22	7	8	12	11	1	13	10	11	18	5	4	8	8	1	1	7	2	1	10	12	3	3	178

Inscriptions aux cours de la section commerciale d'élèves admis

dans l'année scolaire 1898-1899, classés suivant les districts où ceux-ci sont nés

Districts administratifs	1er — Algèbre, géométrie dans l'espace et trigonométrie	1er — Trigonométrie	2e	3e — Géométrie descriptive et applications de cette science	4e — Première partie	5e — Première partie	5e — Deuxième partie	6e — Première partie	6e — Deuxième partie	7e — Première partie	7e — Deuxième partie	7e — Troisième partie	9e — Première partie	10e — Première partie	11e — Première partie	12e — Première partie	13e — Première partie	14e — Première partie	21e — Première partie	21e — Deuxième partie	22e — Première partie	22e — Deuxième partie	23e — Première partie	23e — Deuxième partie	24e — Première partie	Total
Beja	1																					1				2
Castello Branco																				1						1
Evora	1																			1	1					3
Faro	1				1	1													1					1		5
Lisboa	8	8	8	8	5	14	1	13	1	3	1	1	1	1	1	2	1	1	2	8	3	8	4	3	1	107
Porto								1		1				1									1			4
	11	8	8	8	6	15	1	14	1	4	1	1	1	2	1	2	1	1	3	10	4	9	5	4	1	122

Inscriptions aux cours de la section commerciale
d'élèves réguliers

pour l'année scolaire 1898-1899, classés suivant les occupations ou les professions de ceux-ci

Professions ou occupations	Cours				Total
	1er	5e	7e	23e	
		Première partie	Première partie	Première partie	
Employés de commerce	1	1	..	1	· 3
Étudiants........................	15	15	15	15	60
Fonctionnaires de l'État............	4	4	1	4	13
Militaires	1	1	1	1	4
Total..........	21	21	17	21	80

Inscriptions aux cours de la section industrielle
d'élèves réguliers

dans l'année scolaire 1898-1899, classés suivant leurs occupations ou leurs professions

Occupations ou professions	Cours					Total
	1er	5e	6e	21e	23e	
	Algèbre, géométrie dans l'espace et trigonométrie	Première partie	Première partie	Première partie	Première partie	
Étudiants...........	6	6	3	6	3	24
Télégraphistes	3	3	1	3	3	13
Total.....	9	9	4	9	6	37

Inscriptions aux cours de la section commerciale d'élèves libres

pour l'année scolaire 1898-1899, classés suivant les occupations ou les professions de ceux-ci

Professions ou occupations	1er — Algèbre, géométrie dans l'espace et trigonométrie	1er — Trigonométrie	2e	5e — Première partie	6e — Première partie	6e — Deuxième partie	7e — Première partie	7e — Deuxième partie	7e — Troisième partie	15e — Première partie	15e — Deuxième partie	15e — Troisième partie	16e	17e — Première partie	17e — Deuxième partie	18e — Première partie	18e — Deuxième partie	19e — Première partie	19e — Deuxième partie	20e — Deuxième partie	20e — Première et deuxième partie	23e — Première partie	23e — Deuxième partie	24e — Première partie	24e — Deuxième partie	Total
Employés de commerce	4	..	..	..	4	..	..	..	..	3	1	1	1	..	..	2	..	..	..	..	..	4	2	1	..	23
Étudiants	43	25	31	40	41	5	45	44	25	36	18	18	19	28	5	17	6	20	10	2	5	25	16	22	15	561
Fonctionnaires de l'État	7	2	2	4	6	1	5	4	4	4	8	7	2	4	3	2	1	2	1	2	4	5	4	3	2	89
Militaires	1	..	1	..	1	1	1	1	3	2	3	2	..	..	2	3	..	3	1	..	..	1	..	2	1	29
Professeurs	..	..	..	..	..	..	..	..	..	2	..	..	..	..	..	..	..	..	..	..	..	2	1	2	1	8
Total	55	27	34	44	52	7	51	49	32	47	30	28	22	32	10	24	7	25	12	4	9	37	23	30	19	710

Inscriptions aux cours de la section industrielle d'élèves libres

dans l'année scolaire 1898-1899, classés suivant leurs professions ou occupations

Cours

Professions ou occupations	1er — Algèbre, géométrie dans l'espace et trigonométrie	1er — Trigonométrie	2e	3e — Géométrie descriptive et applications de cette science	3e — Topographie	4e — Première partie	4e — Deuxième partie	5e — Première partie	5e — Deuxième partie	6e — Première partie	6e — Deuxième partie	7e — Première partie	7e — Deuxième partie	7e — Troisième partie	8e — Première partie	9e — Première partie	10e — Première partie	11e — Première partie	12e — Première partie	13e — Première partie	13e — Deuxième partie	13e — Troisième partie	14e — Première partie	16e	20e — Première partie	21e — Première partie	21e — Deuxième partie	21e — Troisième partie	22e — Première partie	22e — Deuxième partie	23e — Première partie	23e — Deuxième partie	24e — Première partie	24e — Deuxième partie	Total
Charpentiers		1	1											1																				1	4
Conducteurs de travaux publics et de mines			1									1	1	1						1										1		1			7
Dessinateurs																																	1		1
Étudiants	25	11	13	15	2	19	5	20	3	32	2	4	1	1	1	2	3	2	6	2	1	2	1		1	20	4	1	17	2	17	7	2	2	246
Fonctionnaires publics	1														1		1							1			1		1	1					7
Militaires														1																					1
Propriétaires		1	1							1		1	1	1										1					1		1				9
Serruriers																															1				1
Télégraphistes	6	4	4		11	2	1	1	3	3										9	4	3				9			1		6	1			68
	32	17	20	15	13	21	6	21	6	36	2	6	3	5	2	2	4	2	6	12	5	5	1	2	1	29	5	1	20	4	25	9	3	3	344

Inscriptions aux cours de la section commerciale d'élèves admis

pour l'année scolaire 1898-1899, classés suivant les professions ou les occupations de ceux-ci

Professions ou occupations	1er — Algèbre, géométrie dans l'espace et trigonométrie	1er — Trigonométrie	2e	5e — Première partie	6e — Première partie	6e — Deuxième partie	7e — Première partie	7e — Deuxième partie	7e — Troisième partie	15e — Première partie	15e — Deuxième partie	15e — Troisième partie	16e	17e — Première partie	17e — Deuxième partie	18e — Première partie	19e — Première partie	19e — Deuxième partie	20e — Deuxième partie	23e — Première partie	23e — Deuxième partie	24e — Première partie	24e — Deuxième partie	Total
Agriculteurs	1				1																	1		3
Employés de commerce	1			1			1	1		1	1		1				1			2			1	11
Étudiants	16	7	7	10	7		11	9	8	15	3	3	4	7			6	2	1	3	10	2	2	133
Expéditeurs en douane	1													1	1					1				4
Fonctionnaires de l'État	1				1		1		1	1			2							1				8
Militaires	2		1	1	2	1			2	1	1	1	1			1				3	2			19
Total	22	7	8	12	11	1	13	10	11	18	5	4	8	8	1	1	7	2	1	10	12	3	3	178

Inscriptions aux cours de la section industrielle d'éléves admis

dans l'année scolaire 1898-1899, classés suivant leurs professions ou leurs occupations

Professions ou occupations	1er — Algèbre, géométrie dans l'espace et trigonométrie	1er — Trigonométrie	2e	3e — Géométrie descriptive et application de cette science	4e — Première partie	5e — Première partie	5e — Deuxième partie	6e — Première partie	6e — Deuxième partie	7e — Première partie	7e — Deuxième partie	7e — Troisième partie	9e — Première partie	10e — Première partie	11e — Première partie	12e — Première partie	13e — Première partie	14e — Première partie	21e — Première partie	21e — Deuxième partie	22e — Première partie	22e — Deuxième partie	23e — Première partie	23e — Deuxième partie	24e — Première partie	Total
Charpentiers																			2							2
Ciseleur	1																					1				2
Commis de bureau	1					1																		1		3
Étudiants	7	8	8	7	5	13	1	12	1	3	1	1	1	1	1	2	1	1	1	8	1	4	4	3	1	96
Fonctionnaires publics	1																			1	1					3
Menuisiers																				1						1
Serruriers	1			1	1	1		2		1				1								2	1			11
Tourneurs																					2	2				4
Total	11	8	8	8	6	15	1	14	1	4	1	1	1	2	1	2	1	1	3	10	4	9	5	4	1	122

Résultats des examens de fin d'année
aux cours de la section commerciale passés à l'époque ordinaire
dans l'année scolaire 1898-1899

Résultats des examens de fin d'année aux cours de la section commerciale passés à l'époque ordinaire

dans l'année scolaire 1898-1899

Cours	Élèves réguliers — Admis à passer les examens	Élèves réguliers — Examinés — Reçus — Classés avec 15 points ou plus	Élèves réguliers — Examinés — Reçus — Classés avec moins de 15 points	Élèves réguliers — Examinés — Non reçus	Élèves réguliers — N'ayant pas comparu	Élèves libres — Admis à passer les examens	Élèves libres — Examinés — Reçus — Classés avec 15 points ou plus	Élèves libres — Examinés — Reçus — Classés avec moins de 15 points	Élèves libres — Examinés — Non reçus	Élèves libres — N'ayant pas comparu	Élèves admis — Admis à passer les examens	Élèves admis — Examinés — Reçus — Classés avec 15 points ou plus	Élèves admis — Examinés — Reçus — Classés avec moins de 15 points	Élèves admis — Examinés — Non reçus	Élèves admis — N'ayant pas comparu	Total — Admis à passer les examens	Total — Examinés — Reçus — Classés avec 15 points ou plus	Total — Examinés — Reçus — Classés avec moins de 15 points	Total — Examinés — Non reçus	Total — N'ayant pas comparu	Nombre d'élèves reçus sur 100 examens
1er	9	2	4	2	1	24	..	3	3	18	7	..	1	3	3	40	2	8	8	22	55
2e	..	..	..	..	..	18	4	9	2	3	4	1	1	2	..	22	5	10	4	3	79
5e	12	1	7	1	3	21	2	12	5	2	8	1	7	..	..	41	4	26	6	5	83
6e première partie	..	..	..	..	..	16	1	14	..	1	4	1	1	..	2	20	2	15	..	3	100
6e deuxième partie	..	..	..	..	..	2	1	..	..	1	1	..	.	..	1	3	1	..	..	2	100
7e première partie	6	1	3	..	2	24	1	17	..	6	3	1	1	..	1	33	3	21	..	9	100
7e deuxième partie	..	..	..	..	..	23	6	15	..	2	3	..	3	..	..	26	6	18	..	2	100
7e troisième partie	..	..	..	..	..	14	..	12	..	2	9	..	8	..	1	23	..	20	..	3	100
15e première partie	..	..	..	..	..	22	7	14	..	1	9	3	5	..	1	31	10	19	..	2	100
15e deuxième partie	..	..	..	..	..	11	2	7	..	2	1	1	..	..	.	12	3	7	..	2	100
15e troisième partie	..	..	..	..	..	8	3	5	..	..	4	1	3	..	..	12	4	8	..	..	100
16e	..	..	..	..	..	10	1	9	..	..	3	..	3	..	..	13	1	12	..	..	100
17e première partie	..	..	..	..	..	14	1	12	..	1	5	..	4	..	1	19	1	16	..	2	100
17e deuxième partie	..	..	..	..	..	9	1	8	..	..	1	..	1	..	..	10	1	9	..	..	100
18e première partie	..	..	..	..	..	12	..	4	..	8	1	..	..	..	1	13	..	4	..	9	100
18e deuxième partie	..	..	..	..	..	7	3	4	..	..	..	..	..	..	..	7	3	4	..	..	100
19e première partie	..	..	..	..	..	20	..	9	..	11	5	..	4	..	1	25	..	13	..	12	100
19e deuxième partie	..	..	..	..	..	10	1	9	..	..	1	..	1	..	..	11	1	10	.	..	100
20e deuxième partie	..	..	..	..	..	8	1	6	..	1	..	..	..	..	..	8	1	6	..	1	100
20e première et deuxième parties	..	..	..	..	..	3	..	3	..	..	1	..	1	..	..	4	..	4	..	..	100
23e première partie	7	..	7	..	..	4	1	3	..	..	1	..	1	..	..	12	1	11	..	..	100
23e deuxième partie	..	..	..	..	..	2	2	..	..	..	..	..	..	..	..	2	2	..	..	..	100
23e première et deuxième parties	..	..	..	..	..	8	..	2	..	6	2	..	1	..	1	10	..	3	..	7	100
24e première partie	..	..	..	..	..	11	..	6	..	5	3	..	2	..	1	14	..	8	..	6	100
24e deuxième partie	..	..	..	..	..	1	..	1	..	..	..	..	..	..	..	1	..	1	..	..	100
24e première et deuxième parties	..	..	..	..	..	11	..	7	..	4	2	..	..	..	2	13	..	7	..	6	100
Total	34	4	21	3	6	313	38	191	10	74	78	9	48	5	16	425	51	260	18	96	95

Résultats des examens de fin d'année aux cours de la section industrielle, passés à l'époque ordinaire

dans l'année scolaire 1898-1899

Cours	Élèves réguliers					Élèves litres					Élèves admis					Total					Nombre d'élèves reçus sur 100 examens
	Admis à passer l'examen	Reçus — classification de 15 points ou plus	Reçus — classification de moins de 15 points	Non reçus	N'ayant pas comparu	Admis à passer l'examen	Reçus — 15 points ou plus	Reçus — moins de 15 points	Non reçus	N'ayant pas comparu	Classés pour passer l'examen	Reçus — 15 points ou plus	Reçus — moins de 15 points	Non reçus	N'ayant pas comparu	Admis à passer l'examen	Reçus — 15 points ou plus	Reçus — moins de 15 points	Non reçus	N'ayant pas comparu	
1er	5		1	1	3	17			6	11	1			1		23		1	8	14	13
2e						3		3			5		3		2	8		6		2	100
3e — géométrie et applications de cette science						7	2	4		1	3			1	2	10	2	4	1	3	86
3e — topographie						10	1	6	3							10	1	6	3		58
4e — première partie						12	3	8		1	3		1		2	15	3	9		3	100
4e — deuxième partie						2	1	1								2	1	1			100
5e — première partie	6		6			12		10	1	1	3		2		1	21		18	1	2	95
5e — deuxième partie						2	1	1			1	1				3	2	1			100
6e — première partie	1				1	11		2		9	2		1		1	14		3		11	100
6e — deuxième partie						2	2									2	2				100
7e — première partie						2	1	1			2	1	1			4	2	2			100
7e — deuxième partie						1	1				1	1				2	2				100
7e — troisième partie						2		2								2		2			100
8e — première partie						1	1									1	1				100
9e — première partie						1	1									1	1				100
10e — première partie						1	1									1	1				100
11e — première partie						2		2								2		2			100
12e — première partie						3	1	2			1				1	4	1	2		1	100
13e — première partie						5	3	2								5	3	2			100
13e — deuxième partie						4	1	2		1						4	1	2		1	100
13e — troisième partie						2	1			1						2	1			1	100
14e — première partie						1	1				1	1				2	2				100
21e — première partie	6	2	4			19	3	15		1	1		1			26	5	20		1	100
21e — deuxième partie						3		3			5		5			8		8			100
22e — première partie						14	5	9			3		3			17	5	12			100
22e — deuxième partie						3	1	2			7	1	4		2	10	2	6		2	100
23e — première partie	1		1			5		5								6		6			100
23e — première et deuxième partie						2	1			1						2	1			1	100
24e — première et deuxième partie						1				1						1				1	100
Total	19	2	12	1	4	148	32	78	10	28	39	5	21	2	11	206	39	111	13	43	92

Résultats des épreuves finales aux cours de la section commerciale

dans le service supplémentaire d'examens de l'année scolaire 1898-1899

Cours	Élèves réguliers					Élèves libres					Élèves admis					Total					Nombre d'élèves reçus sur 100 examens
	Admis à passer les examens	Examinés – Reçus – Classés avec 15 points ou plus	Examinés – Reçus – Classés avec moins de 15 points	Examinés – Non reçus	N'ayant pas comparu	Admis à passer les examens	Examinés – Reçus – Classés avec 15 points ou plus	Examinés – Reçus – Classés avec moins de 15 points	Examinés – Non reçus	N'ayant pas comparu	Admis à passer les examens	Examinés – Reçus – Classés avec 15 points ou plus	Examinés – Reçus – Classés avec moins de 15 points	Examinés – Non reçus	N'ayant pas comparu	Admis à passer les examens	Examinés – Reçus – Classés avec 15 points ou plus	Examinés – Reçus – Classés avec moins de 15 points	Examinés – Non reçus	N'ayant pas comparu	
1er	1	..	..	1	..	16	..	1	2	13	3	..	..	..	3	20	..	1	3	16	25
2e	..	..	..	..	..	2	..	2	..	..	..	..	..	..	..	2	..	2	..	..	100
5e première partie	2	..	1	..	1	2	..	1	..	1	..	..	..	..	..	4	..	2	..	2	100
6e première partie	..	..	..	..	..	1	..	1	..	..	2	..	2	..	..	3	..	3	..	..	100
6e deuxième partie	..	..	..	..	..	1	..	1	..	..	1	..	1	..	..	2	..	2	..	..	100
7e première partie	1	..	1	..	..	5	..	3	..	2	1	..	..	..	1	7	..	4	..	3	100
7e deuxième partie	..	..	..	..	..	2	..	1	..	1	..	..	..	..	..	2	..	1	..	1	100
7e troisième partie	..	..	..	..	..	2	..	1	..	1	..	..	..	..	..	2	..	1	..	1	100
15e première partie	..	..	..	..	..	2	..	2	..	..	..	..	..	..	..	2	..	2	..	..	100
15e deuxième partie	..	..	..	..	..	1	..	..	1	..	1	..	..	..	..	2	..	..	1	1	..
17e première partie	..	..	..	..	..	1	..	1	..	..	..	..	..	..	..	1	..	1	..	..	100
18e première partie	..	..	..	..	..	8	..	7	1	..	1	..	1	..	..	9	..	8	1	..	89
19e première partie	..	..	..	..	..	7	..	7	..	..	1	..	1	..	..	8	..	8	..	..	100
19e deuxième partie	..	..	..	..	..	..	..	..	..	..	..	..	..	..	..	..	..	..	..	..	..
20e première et deuxième parties	..	..	..	..	..	1	..	1	..	..	..	..	..	..	..	1	..	1	..	..	100
23e première et deuxième parties	..	..	..	..	..	6	..	5	..	1	..	..	..	..	..	6	..	5	..	1	100
24e première partie	..	..	..	..	..	4	1	3	..	..	1	..	1	..	..	5	1	4	..	..	100
24e première et deuxième parties	..	..	..	..	..	4	..	2	..	2	2	..	..	..	2	6	..	2	..	4	100
Total	4	..	2	1	1	65	1	39	4	21	13	..	6	..	6	82	1	47	5	29	91

Résultats des épreuves finales aux cours de la section industrielle dans le service supplémentaire d'examens

de l'année scolaire 1898-1899

	Élèves réguliers					Élèves libres					Élèves admis					Total					
Cours	Admis à passer les examens	Reçus — Avec une classification de 15 points ou plus	Reçus — Avec une classification inférieure à 15 points	Non reçus	N'ayant pas comparu	Admis à passer les examens	Reçus — Avec une classification de 15 points ou plus	Reçus — Avec une classification inférieure à 15 points	Non reçus	N'ayant pas comparu	Classés pour passer les examens	Reçus — Avec une classification de 15 points ou plus	Reçus — Avec une classification inférieure à 15 points	Non reçus	N'ayant pas comparu	Admis à passer les examens	Reçus — Avec une classification de 15 points ou plus	Reçus — Avec une classification inférieure à 15 points	Non reçus	N'ayant pas comparu	Nombre d'élèves reçus sur 100 examens
1er	..	..	..	..	..	11	..	3	5	3	..	..	..	..	..	11	..	3	5	3	38
2e	..	..	..	..	..	..	..	..	..	..	2	..	..	2	..	2	..	..	2	..	..
3e	..	..	..	..	..	1	..	..	1	..	2	..	..	2	..	3	..	..	3	..	50
4e première partie	..	..	..	..	..	1	..	1	..	..	1	..	1	..	..	2	..	2	..	..	100
5e première partie	..	..	..	..	..	..	..	..	..	..	1	..	1	..	..	1	..	1	..	..	100
6e première partie	1	..	..	..	1	9	..	9	..	..	1	..	1	..	..	11	..	10	..	1	100
12e première partie	..	..	..	..	..	..	..	..	..	..	1	..	..	1	..	1	..	..	1	..	..
13e deuxième partie	..	..	..	..	..	1	..	..	1	..	..	..	..	..	..	1	..	..	1	..	..
Total	1	..	..	..	1	23	..	13	7	3	8	..	3	5	..	32	..	16	12	4	57

Tableau indiquant l'application des élèves dans les cours de la section commerciale

pour l'année scolaire 1898-1899

	Élèves inscrits				Élèves ayant perdu l'année — Jusqu'à la Noël				De puis Noël jusqu'à Pâques				Depuis Pâques jusqu'à la fin de l'année				Total				Élèves admis à passer les examens			
	Réguliers	Libres	Admis	Total	Réguliers	Libres	Admis	Total	Réguliers	Libres	Admis	Total	Réguliers	Libres	Admis	Total	Réguliers	Libres	Admis	Total	Réguliers	Libres	Admis	Total
1e	21	55	22	98	10	16	12	38	2	4	3	9	..	11	..	11	12	31	15	58	9	24	7	40
Trigonométrie	..	27	7	34	..	..	..	..	..	..	..	..	..	..	..	..	..	..	..	..	..	27	7	34
2e	..	34	8	42	..	9	2	11	..	6	1	7	..	1	1	2	..	16	4	20	..	18	4	22
5e première partie	21	44	12	77	4	7	2	13	2	2	1	5	3	14	1	18	9	23	4	36	12	21	8	41
6e première partie	..	52	11	63	..	22	7	29	..	9	..	9	..	5	..	5	..	36	7	43	..	16	4	20
6e deuxième partie	..	7	1	8	..	5	..	5	..	..	..	..	..	..	..	..	..	5	..	5	..	2	1	3
7e première partie	17	51	13	81	9	21	10	40	2	4	..	6	..	2	..	2	11	27	10	48	6	24	3	33
7e deuxième partie	..	49	10	59	..	19	5	24	..	5	2	7	..	2	..	2	..	26	7	33	..	23	3	26
7e troisième partie	..	32	11	43	..	14	2	16	..	3	..	3	..	1	..	1	..	18	2	20	..	14	9	23
15e première partie	..	47	18	65	..	16	7	23	..	6	2	8	..	3	..	3	..	25	9	34	..	22	9	31
15e deuxième partie	..	30	5	35	..	18	4	22	..	1	..	1	..	..	..	..	..	19	4	23	..	11	1	12
15e troisième partie	..	28	4	32	..	18	..	18	..	2	..	2	..	..	..	..	..	20	..	20	..	8	4	12
16e	..	22	8	30	..	7	5	12	..	2	..	2	..	3	..	3	..	12	5	17	..	10	3	13
17e première partie	..	32	8	40	..	12	3	15	..	3	..	3	..	3	..	3	..	18	3	21	..	14	5	19
17e deuxième partie	..	10	1	11	..	1	..	1	..	..	..	..	..	..	..	..	..	1	..	1	..	9	1	10
18e première partie	..	24	1	25	..	8	..	8	..	4	..	4	..	..	..	..	..	12	..	12	..	12	1	13
18e deuxième partie	..	7	..	7	..	..	..	..	..	..	..	..	..	..	..	..	..	..	..	..	..	7	..	7
19e première partie	..	25	7	32	..	2	1	3	..	1	..	1	..	2	1	3	..	5	2	7	..	20	5	25
19e deuxième partie	..	12	2	14	..	2	..	2	..	..	1	1	..	..	..	..	..	2	1	3	..	10	1	11
20e deuxième partie	..	4	1	5	..	..	..	..	..	1	..	1	..	..	..	..	..	1	..	1	..	3	1	4
20e première et deuxième partie	..	9	..	9	..	1	..	1	..	..	..	..	..	..	..	..	..	1	..	1	..	8	..	8
23e première partie	21	37	10	68	10	26	7	43	4	7	2	13	..	..	..	..	14	33	9	56	7	4	1	12
23e deuxième partie	..	23	12	35	..	13	9	22	..	..	1	1	..	..	..	..	..	13	10	23	..	10	2	12
24e première partie	..	30	3	33	..	17	..	17	..	2	..	2	..	..	..	..	..	19	..	19	..	11	3	14
24e deuxième partie	..	19	3	22	..	7	1	8	..	..	..	..	..	..	..	..	..	7	1	8	..	12	2	14
Total	80	710	178	968	33	261	77	371	10	62	13	85	3	47	3	53	46	370	93	509	34	340	85	459

Tableau montrant l'application des élèves dans les cours de la section industrielle

pour l'année scolaire 1898-1899

Cours	Élèves inscrits				Élèves ayant perdu l'année — Jusqu'à la Noël				Depuis Noël jusqu'à Pâques				Depuis Pâques jusqu'à la fin de l'année				Total (ayant perdu l'année)				Élèves classés pour passer les examens			
	Réguliers	Libres	Admis	Total	Réguliers	Libres	Admis	Total	Réguliers	Libres	Admis	Total	Réguliers	Libres	Admis	Total	Réguliers	Libres	Admis	Total	Réguliers	Libres	Admis	Total
1er	9	32	11	52	4	9	6	19		4	3	7		2	1	3	4	15	10	29	5	17	1	23
trigonométrie		17	8	25																		17	8	25
2e		20	8	28		12	3	15		2		2		3		3		17	3	20		3	5	8
3e		15	8	23		3	4	7		2	1	3		3		3		8	5	13		7	3	10
topographie		13		13		2		2						1		1		3		3		10		10
4e première partie		21	6	27		5	3	8		3		3		1		1		9	3	12		12	3	15
4e deuxième partie		6		6		4		4										4		4		2		2
5e première partie	9	21	15	45	2	9	8	19	1			1			4	4	3	9	12	24	6	12	3	21
5e deuxième partie		6	1	7		4		4										4		4		2	1	3
6e première partie	4	36	14	54	3	18	11	32		2	1	3		5		5	3	25	12	40	1	11	2	14
6e deuxième partie		2	1	3						1	1	2						1	1	2		1		1
7e première partie		6	4	10		4	2	6										4	2	6		2	2	4
7e deuxième partie		3	1	4			1	1										1		1		1	1	2
7e troisième partie		5	1	6			1	1		3		3						3	1	4		1		1
8e première partie		2		2		1		1										1		1		1		1
9e première partie		2	1	3			1	1		1		1						1	1	2		1		1
10e première partie		4	2	6		3	1	4			1	1						3	2	5		1		1
11e première partie		2	1	3			1	1										1		1		2		2
12e première partie		6	2	8		3	1	4										3	1	4		3	1	4
13e première partie		12	1	13		6		6		1		1			1	1		7	1	8		5		5
13e deuxième partie		5		5		1		1										1		1		4		4
13e troisième partie		5		5		2		2							1	1		3		3		2		2
14e première partie		1	1	2		1		1										1		1			1	1
16e		2		2		2		2										2		2				
20e première partie		1		1														1		1				
21e première partie	9	29	3	41	3	7	1	11		3	1	4					3	10	2	15	6	19	1	26
21e deuxième partie		5	10	15		2	3	5			2	2						2	5	7		3	5	8
21e troisième partie		1		1		1		1										1		1				
22e première partie		20	4	24		5	1	6		1		1						6	1	7		14	3	17
22e deuxième partie		4	9	13		1	2	3										1	2	3		3	7	10
23e première partie	6	25	5	36	4	15	4	23	1	5	1	7				5	5	20	5	30	1	5		6
23e deuxième partie		9	4	13		6	4	10		1		1						7	4	11		2		2
24e première partie		3	1	4		3	1	4										3	1	4		1		1
24e deuxième partie		3		3		2		2										2		2		1		1
Total	37	344	122	503	16	133	58	207	2	30	11	43		16	6	22	18	170	75	272	19	165	47	231

Tableau des élèves qui ont remporté des prix dans les cours de la section industrielle, ou qui les ont suivis avec distinction

dans l'année scolaire 1898-1899

Cours d'études de machines

Cours d'études	Classes d'élèves	Noms	3ª Première partie	3ª Topographie	4ª Première partie	4ª Deuxième partie	5ª Deuxième partie	6ª Deuxième partie	7ª Première partie	7ª Deuxième partie	8ª Première partie	9ª Première partie	10ª Première partie	11ª Première partie	12ª Première partie	13ª Première partie	13ª Deuxième partie	13ª Troisième partie	14ª Première partie	21ª Première partie	21ª Deuxième partie	22ª Première partie	22ª Deuxième partie	23ª Première et deuxième partie
Cours d'études de mines	Libre	Abel Coelho												16										
Cours de constructions civiles et de travaux publics	»	Adolpho Antonio Marques da Silva			15																			
» » » »	»	Alberto de Sá Correia									15													
Cours d'études pour télégraphes	»	Bernardo Bartholomeu Moniz da Maia																					17	
Cours d'études de machines	»	Estevão José														15								
Cours d'études pour télégraphes	»	Francisco Anselmo Diniz Carrilho	15																					
Cours d'études de machines	Admis	Francisco José					17									15						15		
Cours de constructions civiles et de travaux publics	Libre	Francisco Manuel Fialho																					15	
Cours supérieur industriel	»	Gaspar Porto d'Almeida Gastão																			15			
Cours d'études de machines	»	Hermano Annibal de Vasconcellos Gomes	16		17																			
Cours d'électrotechnie	»	Henrique Pedro Ribeiro de Sousa																	15					
Cours d'études de mines	»	João Dordio Paes														18								
Cours d'études de machines	»	José Augusto Marques										16		17										
Cours d'arts chimiques	Admis	José Cambournac																	15					
Cours d'électrotechnie	Libre	José Firmino Sant'Anna					17		16	18									16					
Cours d'études de machines	»	José Joaquim Galvão de Vasconcellos	15			18				18			18		18		16	16				15		15
Cours d'études pour télégraphes	»	José Maria Bacellar Gaeiro dos Santos																		15				
» » »	»	José Maria d'Oliveira																				15		
Cours supérieur industriel	»	José Maximiano Brito Mendes																		15				
» » »	»	José dos Reis																		15				
Cours d'arts chimiques	»	José de Seixas Palma																		15				
Cours supérieur industriel	»	Julio Antonio Vieira da Silva Pinto						15	16	15														
Cours d'études de machines	»	Julio dos Santos Champalimau		15																				

Etat des élèves qui ont gagné des prix dans les cours de la section commerciale, ou qui les ont suivis avec distinction

dans l'année scolaire 1898-1899

Cours d'études	Classes d'études	Noms	1er	2e	5e Première partie	6e Première partie	6e Deuxième partie	7e Première partie	7e Deuxième partie	15e Première partie	15e Deuxième partie	15e Troisième partie
Cours supérieur d'études de commerce	Admis	Alberto Irwin		15				15				
» »	Libre	Alberto Machado Canavarro Faria e Maia								15		
Cours secondaire d'études de commerce	»	Antonio Dias										
» »	Admis	Antonio Fernandes da Costa Lobo								15		
Cours supérieur d'études de commerce	Libre	Antonio Francisco Pereira Coelho		17						17	16	
» »	Admis	Antonio Jacintho Maria		17						17	17	15
» »	Libre	Antonio Marceano Acabado								16	16	15
» »	Régulier	Antonio Nunes Quintas								15		
» »	Libre	Arthur Augusto d'Almeida	15					15				
» »	»	Arthur Maria Bello										
» »	»	Augusto Sotero Esteves Junior										
» »	Régulier	Caetano Maria Beirão da Veiga										
» »	Libre	Carlos Frederico Lecor Buys	17		16							
» »	»	Carlos Maria Bacellar Figueira Freire								17		
» »	»	Carlos Ramires dos Reis		16	16				15	16		
» »	»	Elmano Alberto da Silva Moreira		16	18			18	17			
» »	»	Filippe Nery da Silveira								15		
» »	»	Francisco José Agostinho										
» »	Admis	Francisco Pedro Curado								15		
» »	Libre	Henrique Fradesso Salazar Moscoso									15	
» »	»	Henrique Monro dos Anjos									15	
» »	»	João Sequeira Nunes										
» »	Admis	Luiz Moraes Carvalho										
» »	Libre	Luiz da Silva Viegas			15	15						
» »	»	Manoel Ferreira Rocha										
» »	»	Mariano Martins						15				
» »	»	Nuno Telles Belstein da Silveira Pinto										
» »	»	Victor Monteiro Guimarães						16				
» »	»	Wilhelm August Harberts					16					

Noms	16e	17e Première partie	17e Deuxième partie	18e Deuxième partie	19e Deuxième partie	20e Première et deuxième partie	23e Première partie	23e Deuxième partie
Alberto Irwin								
Alberto Machado Canavarro Faria e Maia								
Antonio Dias								15
Antonio Fernandes da Costa Lobo								
Antonio Francisco Pereira Coelho								
Antonio Jacintho Maria								15
Antonio Marceano Acabado								
Antonio Nunes Quintas								
Arthur Augusto d'Almeida								
Arthur Maria Bello								
Augusto Sotero Esteves Junior	16							
Caetano Maria Beirão da Veiga				15				
Carlos Frederico Lecor Buys								
Carlos Maria Bacellar Figueira Freire								
Carlos Ramires dos Reis								
Elmano Alberto da Silva Moreira								
Filippe Nery da Silveira								
Francisco José Agostinho	16							
Francisco Pedro Curado								
Henrique Fradesso Salazar Moscoso								
Henrique Monro dos Anjos	17							
João Sequeira Nunes							15	
Luiz Moraes Carvalho			16		16	15		
Luiz da Silva Viegas		15						
Manoel Ferreira Rocha				15				
Mariano Martins								
Nuno Telles Belstein da Silveira Pinto	15							
Victor Monteiro Guimarães								
Wilhelm August Harberts				15				

Relevé des recettes et des dépenses des ateliers
dans l'année scolaire 1898-1899

Atelier d'instruments de précision

RECETTES

Solde de l'exercice précédent..........	67$420		

PREMIÈRE PÉRIODE

Deux mois, *juillet et août 1898*, compris dans le régime créé par les décrets du 8 octobre 1891 et du 25 septembre 1893 :

Acomptes de la dotation payés par le gouvernement....................		380$000	
Recettes portées au compte de fabrication et appliquées à l'exploitation et à l'amélioration de l'atelier, conformément aux décrets précités		2:361$445	2:711$835

DEUXIÈME PÉRIODE

Dix mois, *septembre 1898 à juin 1899*, compris dans l'organisation établie par l'arrêté ministériel du 26 août 1898 :

Recettes portées au compte de fabrication, et versées toutes les semaines à la Caisse Générale des Dépôts, aux termes de l'arrêté ministériel susdit....................		3:387$095	
Acomptes touchés sur le montant versé, à la Caisse Générale des Dépôts....................		3:337$689	6:724$784
Rs....................			9:436$639

Atelier pour l'enseignement manuel de travaux en bois

RECETTES

PREMIÈRE PÉRIODE

Juillet et août 1898 :

Acomptes de la dotation payés par le gouvernement....................		219$330	
Sommes transférées de l'atelier d'instruments de précision....................		140$225	359$555

DEUXIÈME PÉRIODE

Septembre 1898 à juin 1899 :

Recettes de l'exploitation, versées, toutes les semaines, à la Caisse Générale des Dépôts, conformément à l'arrêté ministériel du 26 août 1898....................		458$180	
Acomptes touchés sur le montant versé à la Caisse Générale des Dépôts....................		1:429$420	1:887$600
Rs....................			2:247$155

DÉPENSES

PREMIÈRE PÉRIODE

Juillet et août 1898 :

Feuilles de paie et ouvrages à la pièce....................		780$000	
Machines outils, matières premières et déboursés divers....................		1:565$730	
Montant de sommes transférées aux ateliers d'enseignement manuel et à l'installation d'électricité....................		210$000	
Solde versée à la Caisse Générale des Dépôts, le 31 août 1898, aux termes de l'arrêté ministériel du 26 du même mois....................		176$135	2:711$835

DEUXIÈME PÉRIODE

Septembre 1898 à juin 1899 :

Montant de toutes les recettes de l'exploitation versées à la Caisse Générale des Dépôts....................		3:387$095	
Feuilles de paie....................	2:089$260		
Matériel, matières premières et déboursés divers....................	1:248$429	3:337$689	6:724$784
Rs....................			9:436$639

manuel de travaux en bois

DÉPENSES

PREMIÈRE PÉRIODE

Juillet et août 1898 :

Feuilles de paie....................		219$330	
Matières premières et déboursés divers....................		140$225	359$555

DEUXIÈME PÉRIODE

Septembre 1898 à juin 1899 :

Montant de toutes les recettes de l'exploitation versées à la Caisse Générale des Dépôts....................		458$180	
Feuilles de paie....................	1:117$705		
Matériel, matières premières et déboursés divers....................	311$715	1:429$420	1:887$600
Rs....................			2:247$155

Atelier pour l'enseignement manuel de travaux en métal

RECETTES

PREMIÈRE PÉRIODE

Juillet et août 1898 :

Acomptes de la dotation payés par le gouvernement	176₨870	
Sommes transférées de l'atelier d'instruments de précision	23₨955	
Recette de l'exploitation	26₨900	227₨725

DEUXIÈME PÉRIODE

Septembre 1898 à juin 1899 :

Recettes de l'exploitation, versées, toutes les semaines, à la Caisse Générale des Dépôts conformément à l'arrêté ministériel du 26 août 1898	91₨800	
Acomptes touchés sur le montant versé à la Caisse Générale des Dépôts	891₨985	983₨785
Rs		1:213₨510

DÉPENSES

PREMIÈRE PÉRIODE

Juillet et août 1898 :

Feuilles de paie	176₨870	
Matières premières et déboursés divers	23₨955	
Solde versé à la Caisse Générale des Dépôts, le 31 août 1898, aux termes de l'arrêté ministériel du 26 du même mois	26₨900	227₨725

DEUXIÈME PÉRIODE

Septembre 1898 à juin 1899 :

Montant de toutes les recettes de l'exploitation versées à la Caisse Générale des Dépôts		91₨800	
Feuilles de paie	773₨600		
Matériel, matières premières et déboursés divers	118₨385	891₨985	983₨785
Rs			1:213₨510

Installation de l'électricité

RECETTES

PREMIÈRE PÉRIODE

Juillet et août 1898 :

Acomptes de la dotation payés par le gouvernement	109₨800	
Sommes transférées de l'atelier d'instruments de précision	45₨820	155₨620

DEUXIÈME PÉRIODE

Septembre 1898 à juin 1899 :

Acomptes touchés sur le montant versé à la Caisse Générale des Dépôts		467₨400
Rs		623₨020

DÉPENSES

PREMIÈRE PÉRIODE

Juillet et août 1898 :

Feuilles de paie	109₨800	
Matériel et déboursés divers	45₨820	155₨620

DEUXIÈME PÉRIODE

Septembre 1898 à juin 1899 :

Feuilles de paie		467₨400
Rs		623₨020

Horaire du service de l'enseignement pour l'année scolaire 1899-1900

Cours	Leçons — Jours	Leçons — Matin	Leçons — Soir	Travaux pratiques — Jours	T. p. — Matin	T. p. — Soir
1er	Mardis, jeudis et samedis		7-8 ½			
2e	»	10-11 ½				
3e	Lundis, mercredis et vendredis	7-8		Mardis, jeudis et samedis	7-8 ½	
4e première partie	»	11-12		Jeudis et samedis	11 ½-1 ½	
4e deuxième partie	»	12-1		Mardis, jeudis et samedis		1-3
5e première partie	Lundis et mercredis		3 ½-5	Vendredis		3 ½-4 ½
5e deuxième partie	Mardis	11 ½-12 ½		»		3 ½-4 ½
6e première partie	Mardis, jeudis et samedis		4-5	Lundis et mercredis	9-10	
6e deuxième partie	»		3-4	»	9-10	
7e première partie	Lundis		6-7			
7e deuxième partie	Mercredis		5-7			
7e troisième partie	Vendredis		5-7			
8e première partie	Lundis, mercredis et vendredis		2-3	Lundis et vendredis	11-12	
8e deuxième partie	»		3-4	»	11-12	
9e première partie	Mardis, jeudis et samedis	10 ½-11 ½		Mardis, jeudis et samedis		3-5
9e deuxième partie	»	9 ½-10 ½		»		3-5
10e première partie	Lundis, mercredis et vendredis	9 ½-10 ½		»		5-6
10e deuxième partie	»	10-11 ½		»		5-6
11e première partie	Mardis, jeudis et samedis	10 ½-11 ½		Mardis et samedis		1-3
11e deuxième partie	»	11 ½-12 ½		»		1-3
12e première partie	Lundis, mercredis et vendredis	8-9		Lundis et mercredis		4-5
12e deuxième partie	»	7-8		»		4-5
13e première partie	Mardis, jeudis et samedis	8 ½-9 ½		Vendredis		1-3
13e deuxième partie	»	9 ½-10 ½		»		1-3
13e troisième partie	»	9 ½-10 ½		»		1-3
14e première partie	»		4-5	Mercredis		1-3
14e deuxième partie	»		8-9	»		1-3
15e première partie	Mardis et samedis	9-10				
15e deuxième partie	»	10-11				
15e troisième partie	Jeudis	10-11				
16e	Lundis, mercredis et vendredis		3-4			
17e première partie	»	8-9		Première année : Mardis, jeudis et samedis		6-8
17e deuxième partie	»	9-10		Deuxième année :	8-10	
18e première partie	»		6 ½-7 ½	Première année :	8-10	
18e deuxième partie	»		7 ½-8 ½	Deuxième année :		6-8
19e première partie	»	9-10				
19e deuxième partie	»	10-11				
20e première partie	»		5-6	Mercredis	7-9	
21e deuxième partie	»		8 ½-9 ½			
21e troisième partie	»		8 ½-9 ½			
22e première partie	Mardis et samedis		8-10			
	Mercredis	9-11				
22e deuxième partie	Mardis et samedis		8-10			
	Mercredis	9-11				
22e troisième partie	Mardis et samedis		8-10			
	Mercredis	9-11				
23e première partie	Mardis, jeudis et samedis	8-9				
23e deuxième partie	Lundis, mercredis et vendredis	8-9				
24e première partie	Mardis, jeudis et samedis		6-7			
24e deuxième partie	» » »		5-6			

TRAVAUX MANUELS DANS LES ATELIERS

Première année : Lundis et mercredis ... Matin 10 ½-1
Deuxième année : Mardis et jeudis ... Matin 12 ½-3

ATELIERS D'INSTRUMENTS DE PRÉCISION

Troisième année : Mardis et jeudis ... Soir 1-3
Quatrième année : Mardis et jeudis ... Soir 1-3

SALLES D'ÉTUDES

Langue anglaise : Lundis, mercredis et vendredis ... Soir 9-10
Langue allemande : Lundis, mercredis et vendredis ... Soir 9-10

Élèves inscrits aux ateliers

dans l'année scolaire 1898-1899

Atelier d'instruments de précision... 19
Enseignement manuel de travaux en bois... 18
Enseignement manuel de travaux en métal 21

État général du personnel des ateliers

dans l'année scolaire 1898-1899

Ateliers d'instruments de précision

Contremaitres... 2
Artisans... 8
Apprentis 19
Aides 2

Enseignement manuel de travaux en bois

Contremaitre 1
Apprentis 13

Enseignement manuel de travaux en métal

Contremaitre 1
Apprentis 12

Installation d'électricité

Mécanicien chargé du moteur à gaz... 1
Employé pour le service du moteur et des machines électriques.............................. 1
Aide 1

Tableau du personnel de l'atelier d'instruments de précision

pour l'année économique 1898-1899

	Charpenterie et menuiserie	Serrurerie et tournage	Travaux en verre	Construction d'instruments de précision	Total d'individus	Total d'inscriptions
Contremaitres.....	..	..	1	1	2	2
Artisans...........	2	6	..	6	8	14
Élèves.............	..	19	19	19	19	57
Apprentis..........	..	18	2	18	20	38
	2	43	22	44		111

SALLE DU CONSEIL

CLASSE DE PHYSIQUE

CABINET DE PHYSIQUE

CLASSE DE CHIMIE INDUSTRIELLE

CLASSE DE CHIMIE

LABORATOIRE DE CHIMIE

MUSÉE DE MINÉRALOGIE

MUSÉE DE CONSTRUCTIONS CIVILES

CLASSE D'ÉLECTROTECHNIE

CLASSE DE MERCÉOLOGIE (PRODUITS DE COMMERCE ET LÉGISLATION FISCALE)

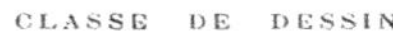

CLASSE DE DESSIN

UN DES ATELIERS D'INSTRUMENTS DE PRÉCISION

ATELIER DE CHARPENTERIE

ATELIER DE SERRURERIE